여행, 관광인가 순례인가

TRAVELING
BY JOERG RIEGER

여행,
관광인가 순례인가

| **요르그 리거** 지음 |

홍병룡 옮김

그 리 스 도 인 을   위 한   ' 길   위 의   신 학 '

포이에마

여행, 관광인가 순례인가

요르그 리거 지음 | 홍병룡 옮김

1판1쇄 인쇄 2015. 3. 25. | **1판1쇄 발행** 2015. 3. 31. | **발행처** 포이에마 | **발행인** 김강유 | **책임 디자인** 이은혜 | **해외 저작권** 차진희 박은화 | **제작** 김주용 박상현 | **제작처** SJ피앤비, 금성엘엔에스, 서정바인텍 | **등록번호** 제300-2006-190호 | **등록일자** 2006. 10. 16. | 서울특별시 종로구 북촌로 63-3 우편번호 110-260 | 마케팅부 02)3668-3243, 편집부 02)730-8648, 팩시밀리 02)745-4827

값은 표지에 있습니다. ISBN 978-89-97760-28-2 03230 | 독자의견 전화 02)730-8648 | 이메일 masterpiece@poiema.co.kr | 좋은 독자가 좋은 책을 만듭니다. | 포이에마는 독자 여러분의 의견에 항상 귀를 기울이고 있습니다.

이 도서의 국립중앙도서관 출판예정도서목록(CIP)은 서지정보유통지원시스템 홈페이지(http://seoji.nl.go.kr)와 국가자료공동목록시스템(http://www.nl.go.kr/kolisnet)에서 이용하실 수 있습니다.(CIP제어번호: CIP2014034439)

성 아우구스티누스는
위대한 여행의 모험에 관해 얘기하면서
이 세상은 거대한 책이라 했고 여행자만큼
이 책을 많이 공부한 사람은 없다고 말했다.
꼼짝 않고 자기 집에만 박혀 있는 사람은
이 책을 한 페이지만 읽은 것이다.

추천의 말

들어가는 말

_기독교 신앙은 길 위에서 완성된다 10

────────────── 1 ──────────────

길 위의 경험_여행, 관광, 이주 17

관광

이주

여행의 두 가지 관점

────────────── 2 ──────────────

길 위의 신학_여행에 관한 신학적 사유 39

구약 성경의 여행

신약 성경의 여행

여행하는 하나님, 믿음의 여정

────────────── 3 ──────────────

길 위의 도전_순례자와 방랑자 69

순례의 길

방랑의 길

순례와 방랑

──────────── 4 ────────────

종교 관광을 넘어_다른 방식으로 여행하기 97

양방향 통행
그들 속으로
충격적인 차이 극복
도시사역이라는 대안
하나님이 계신 곳으로 가기

──────────── 5 ────────────

지향점을 가진 여행_저항과 재구성 121

여행과 현대신학
여행과 권력
여행과 저항

나가는 말
_이제 어느 편에 설 것인가 135

주(註) 141

추천도서 156

성찰 및 토론을 위한 질문 158

인류는 이 땅에 발 딛고 사는 동안 여행을 해왔다. 그중 다수는 발로 다닌 여행이었다. 새 터전을 찾거나 박해를 피하거나 다른 곳을 탐험하기 위해서였다. 인류학자들에 따르면, 인류는 아프리카에서 시작해 전 지구촌에 이르기까지 여행을 통해 그 종種을 퍼뜨렸다. 전 역사를 통틀어 이동하는 종으로 존재해온 셈이다.

오늘날에는 여행이 규모 있는 사업으로 성장했다. 서구의 중산층 대다수에게 여행이란 생존을 위한 활동이 아니라 여가나 생업의 연장으로 여겨진다. 사람들은 사업을 위한 출장 외에도 단순한 재미나 기분전환을 위해 여행한다. 여행 산업이 발달한 덕분에 비행기나 자동차를 타고 우리 조상들은 상상도 못한 먼 땅에 가서 다른 사람들과 접촉하는 일이 가능해졌다.

그런가 하면 레저 여행만큼이나 정치, 경제적 이유로 발생한 피난민 행렬도 늘어나고 있다. 이민을 둘러싼 국가 간 논쟁은 여행이 사람들의 시야를 확장시키는 대신 기존의 편견을 심화시킬 수도 있음을 보여준다.

매력적이고 읽기 쉬운 요르그 리거의 책은 여행이 기독교 신앙에 얼마나 중요한지 이야기한다. 사실 성경은 여행 이야기로 가득하다. 출애굽과 포로 생활에서, 머리 둘 곳도 없이 떠돌아다니며 제자들을 부른 순회 구원자와, 지중해 전역에 교회를 개척한 주후 1세기 사도의 여행 이야기 등이 그렇다. 하지만 정적이고 추상적인 신조로 굳어진 기독교 신학에서 여행은 하등 상관없는 것이 되고 말았다.

이 책은 여행의 다양한 측면을 살펴봄으로써 우리의 신학이 타인들과 함께 '길 위에서' 완성되고 나아가 현실의 한계를 뛰어넘는 단서가 될 수 있음을 설파한다. 이 책과 함께 여행하다 보면 결코 예상하지 못한 곳에 이를 것이다.

데이비드 젠슨
오스틴 장로교 신학교 교수

기독교 신앙은 길 위에서 완성된다

오늘날은 날마다 수백만 명이 수백 가지 이유로 여행에 나서는 시대이다. 여행의 목적도 아주 다양하다. 즐거움을 위해 여행하는 이들, 사업차 출장길에 오른 이들, 더 나은 삶을 찾아 떠나는 이들이 있다. 또 시대적인 현상으로 부상한 새로운 형태의 여행도 있다. 하나는 주로 젊은이들이 모험을 목적으로 집을 떠나 전 세계를 탐험하는 **방랑**이고, 다른 하나는 이와 전혀 다른 형태로서 생존을 위해 고국을 떠나는 **이주**이다. **순례**는 또 다른 형태의 여행에 해당한다. 인류 역사에서도 도드라진 여행의 형태로서 일부는 깊은 신앙심과 결부되어 있지만, 관광과 별반 다르지 않은 경우도 있다. 이런 다양한 여행의 형태들에는 일면 공통분모가 없어 보이지만, 한 겹만 들춰봐도 다양한 여행자들이 서로에게서 배울 것이 있음을 알 수 있다. 심지어 집에만 있는 이들도 배울 만한 것이 있다.

나로 말하자면, 길 위에서 상당히 많은 것을 배운 입장에서 이 책을 쓰고 있다. 평생에 걸친 방랑벽과 더불어 내 삶의 옷은 이런 저런 여행으로 짜여 있다. 나는 현재 살고 있는 미국의 반대편 나라에서 성장했다. 일의 필요나 즐거움 등 다양한 이유로 북반구와 남반구를 가로지르며 많은 나라를 여행할 기회를 가졌다. 여행 방법도 다양했다. 땅과 물을 막론하고 자체 추진기를 이용해, 어떨 때는 자동차와 오토바이로, 대개의 경우는 대중교통으로, 요즘 들어서는 특히 항공기로 여행했다. 누구와 함께 여행하는지에 따라 경험의 색채도 달랐다. 많은 학생과 무리 지어 여행했고, 때로는 혼자였으며, 아내와 여러 번 동행했다. 좀 더 후에 우리 여행에 동참한 쌍둥이 딸들은 내가 유럽을 떠나본 적이 없는 나이에 이미 국제적인 여행자가 되어 내 시야를 넓혀주는 역할을 했다.

하지만 나는 이 책을 단순히 여행자로서 쓴 것은 아니다. 기독교 신학자, 즉 여행이 유대-기독교 전통과 하나님에 대한 다양한 경험에 의미심장한 영향을 미쳤다고 확신하고, 나아가 대체로 이런 역할이 과소평가되는 현실에 안타까움을 느끼며 이 글을 썼다.

종교 전통에 여행의 행적이 다분한데도 불구하고 종교가 정적인 것으로 취급되는 현실은 참으로 딱하다. 신앙 공동체는 특정 지역에 건물의 형태로 자리를 잡고 있다. 여론대로라면 '교회 안에 가만히 앉아 있는 일'이 기독교 신앙의 핵심 활동이다. 대다수의 예배 의식은 잠깐 일어섰다가 앉거나 의례적인 인사말을 던지기 위해 옆 사람에게 몸을 돌리는 일 외에는 주로 앉아서 이뤄진다. 신앙 공동체는 이런 사실에 그다지 개의치 않고 지역사회의 관심사들에 개입한다. 계층과 인종에 따라 차별화된 사회에서 그런 관심사들이 얼마나 편협한지도 의식하지 못한다. 이런 상황에서 여행하는 자들이나 신앙 공동체들은 예외적인 존재로 비친다. 예컨대 성도들이 여행 자금을 감당할 만한 시대에 들어서며 갈수록 인기를 얻고 있는 선교 여행은 신앙 공동체에 있어서 일종의 기분전환이 되고 있지만, 공동체의 정체성 형성에 영향을 미치거나 기독교 신조에 참신한 관점을 제공하는 경우는 드문 형편이다.

이 책은 독자들에게 이 점을 분명히 하려 한다. 여행은 기독교 전통에 깊이 뿌리박혀 있어서 여행 없이는 그 진수를 제대로 이해할 수 없다는 것이다. 유대-기독교 전통 가운데 실제로 길 위에서 발전된 것이 얼마나 많은지 생각해보자. 신앙의 기둥으로 꼽히는 아브라함에게 정적인 면은 거의 없다. 아브라함이 하나님과 관계를 발전시켜나간 것은 하나님의 부르심을 좇아 친족과 함께 고향을 떠나는 이상한 여정을 통해서였다. 이스라엘 백성도 길 위에서 상당히 많은 시간을 보냈다. 이들의 이야기는 이집트라는 낯선 제국 땅에서의 노예생활, 이집트에서의 탈출, 광야에서 보낸 40년의 방황으로 구성된다. 이 여정에서 이스라엘 백성은 중요한 교훈을 배웠는데, 그중에는 달갑지 않은 것들도 있었다. 따라잡지 못한 하나님 형상에 대한 심각한 도전이나 하나님을 아는 지식의 심화 같은 것들이다. 훗날 유다 백성은 또 다른 제국 바벨론의 포로가 되는 신세가 되었는데, 포로로 있는 동안 근본을 뒤흔드는 참신한 신학적 통찰을 발전시켰다. 예컨대 창조에 관한 성경 자료의 상당 부분이 이 포로 시기에 만들어졌다. 즉 포로 상태에 있던 유다 백성은 하나님이 자신들을 노예로 삼은 강대국에 종속된 분이 아니라 과부와 고아와 나그네가 마음 놓고 살 수 있는 또 다른 사회를 허락하신 세계의 창조주임을 깨달은 것이다.

한편 신약에서 예수의 사역은 '머리 둘 곳이 없는'(눅 9:58) 사람답게 거의 전부 길 위에서 일어난다. 예수의 가족은 호적을 신고하라는 로마 칙령에 따라 길을 떠나야 했고, 결국 숙소를 구하지 못해 아기 예수는 마구간에서 태어난다. 곧이어 피난민의 신분으로 이집트로 이주해야 했고, 고국에 돌아와서는 갈릴리의 외딴 지역과 갈릴리 바다 주변을 돌아다니며 사역하면서, 수도인 예루살렘을 중심으로 접경지를 두루 다니는 여정을 밟았다. 누가복음에는 예수가 어린 시절에 예루살렘을 오가다 일어난 일이 기록되어 있고, 요한복음은 공생애 기간 여러 차례 수도로 여행했다고 증언한다. 예수를 따른다는 것은 그와 함께 여행하는 것을 의미했고, 그와 동행한 사람들은 우리가 알고 있는 열두 명을 훨씬 능가하는 숫자이다. 예수와 함께 길에 나선 사람 중에는 남성 외에도 여성들이 있었는데, 헤롯 왕 때 관리를 지낸 사람의 아내를 비롯해 많은 부유한 여성들이 그의 사역을 후원했다(눅 8:2-3).

또한 사도 바울은 복음을 전파하기 위해 예수보다 훨씬 먼 거리를 여행했다. 바울의 선교 여행을 통해 로마제국 곳곳에 교회가 세워졌는데, 때때로 부딪힌 심각한 압박과 긴장이 다음과 같이 묘사되어 있다. "세 번 파선하고 일 주야를 깊은 바다에서 지냈으며 여러 번 여행하면서 강의 위험과 강도의 위험과 동족의 위험과 이방인의 위험과 시내의 위험과 광야의 위험과 바다의 위험과 거짓 형제 중의 위험을 당하고 또 수고하며 애쓰고 여러 번 자지 못하고 주리며 목마르고 여러 번 굶고 춥고 헐벗었노라"(고후 11:25-27). 바울의 여행을 기록하고 있는 사도행전이 그리스도인을 '그 道도를 따르는 사람'이라고 부르는 데는(행 9:2, 19:9, 23, 22:4, 24:14, 22) 그만한 이유가 있다.

여행이 그리스도인의 삶에 제기하는 가장 중요한 신학적 도전 중의 하나는 히브리인에게 보낸 편지에 요약되어 있다. "우리가 여기에는 영구한 도성[도시]이 없으므로 장차 올 것[도시]을 찾나니"(히 13:14). 기독교는 길 위에서 움직이는 신앙이다. 그러므로 여행은 기독교 신앙에 대한 은유 이상이다. 다음 위치를 정하고 끊임없이 위치를 옮기는 일은 그리스도인의 삶에 핵심적이다.

그러므로 여행은 삶과 신앙에서 중요한 주제라고 할 수 있다. 다만 여행을 한 가지로만 규정할 수는 없다. 여행은 여러 형태와 모양을 지니고 있고, 모두가 우리 부부처럼 광범위하게 여행할 필요도 없다. 그래도 살기 위해 여행하는 사람들이나 여행하기 위해 사는 사람들은 오늘날 세계에 크게 이바지할 만한 입장에 있다. 직관적인 판단 습관, 넓은 시야, 통제권이 없는 데서 오는 여행자 특유의 유연성, 현상 유지를 위한 다양한 도전, 오늘날 필요한 자신의 한계에 대한 인식 등이다. 길에서 많은 시간을 보내는 여행자는 존재 깊숙한 곳으로부터 기독교 논리의 중심이자 철학자들이 수천 년에 걸쳐 깨달은 것을 알게 된다. 보편적 관념들의 모판 역할을 해주는 것이 사실상 작고 특정한 인생 경험의 가치임을 새롭게 깨닫는 것이다. 이 깨달음이야말로 신학과 철학이 움트는 계기이다. 이런 식의 깨달음 때문에 종교는 권력자가 창안한 거창한 관념이 아니라 길 위에서 생기는 것이다.

끝으로 안전망 없이 어쩌다 길 위에 있게 된 사람들은 특별한 유대관계를 맺곤 한다. 언젠가 우리 부부는 어린아이들을 데리고 멕시코 북서부의 인적이 드문 곳을 여행한 적이 있다. 그러다 내가 태어난 해 제작된 낡은 독일제 특수 차량을 운전하는 젊은 부부를 만났다. 워낙 외딴곳인지라 함께 여행하는 일은 무척 의미가 있었고 다른 곳에선 할 수 없었을 속 깊은 대화를 나누기까지 했다. 이런 경험에 비춰 보면 많은 이주민이 여행 중에 어떤 특별한 유대관계를 맺을지 상상할 수 있다.

진공 상태에서 일어나는 여행은 없다. 여행자의 개인적인 경험은 본인이 인식하지 못하는 보다 큰 구조들에 의해 틀 지워진다. 특히 여행자와 방문지 주민의 힘의 격차는 여행에서 중요한 역할을 담당한다. 이런 것을 인식할 수 있다면 그만큼 시야가 넓어진 것이다.
이제 우리 여정이 우리를 어디로 데려갈지 함께 탐험해보자.

1

길
위의
경험

_여행, 관광, 이주

"여행은 편견과 완고함과 좁은 마음에 특효인 만큼 바로 이 때문에 우리에게는 여행이 필요하다. 일평생 지구촌 한구석에서 초목처럼 생활해서는 사람과 사물에 대해 폭넓고 건전하고 관대한 견해를 얻을 수 없다."[1] 마크 트웨인의 이 유명한 문구에 이의를 제기할 사람은 거의 없을 것이다. 여행이란 결국 시야를 넓히고 새로운 것을 배우는 일이 아닌가. 아직도 기억하고 있는 유럽 전역으로의 가족 여행은 어린 내 시야를 터주었고, 그중 많은 장소는 우리 할아버지 세대는 가볼 기회도 얻지 못했던 곳이다. 우리 할아버지들이 외국으로 갈 기회라고 해봤자 군인으로 1차 세계대전 때 프랑스로, 2차 세계대전 때 러시아로 파병된 것이 전부였다. 이런 형편에도 지평의 확대란 저절로 되지 않고 노력이 필요하다는 사실은 자주 간과된다. 마크 트웨인의 명언은 그 자신이 동료들과 유럽과 성지 순례에 나섰다가 편견과 완고함을 뛰어넘지 못하고 실패한 사건들을 연대순으로 기록한 책에 나오는 대목이다. 이런 실패는 대개 여행자의 의도가 선한지 악한지 여부와는 전혀 상관이 없다. 그럼에도 불구하고, 이들은 자신들이 프랑스, 이탈리아, 스페인은 별로 좋아하지 않는다는 사실을 발견했다.

> 여행은 편견과 완고함과 좁은 마음에 특효인 만큼 바로 이 때문에 우리에게는 여행이 필요하다.

마크 트웨인의 유머러스한 표현은 인용해볼 만하다. "우리는 루브르, 피렌체의 남성복 박람회와 우피치 미술관, 바티칸과 그 옆의 미술관, 프레스코화로 장식된 베네치아와 나폴리의 교회, 스페인의 성당을 주마간산 격으로 구경했다. 누군가는 옛 대가들의 위대한 작품을 두고 천재의 찬란한 명작이라 했고(가끔은 엉뚱한 그림을 붙들고 있기도 했는데, 이런 사실은 안내책자를 통해 밝혀졌다), 또 누군가는 서툴고 형편없는 구닥다리라고 평했다."[2] 마크 트웨인의 묘사는 어린 시절 가족 여행 중에 있었던 의견의 분분함을 상기시킨다. 여행할 기회가 주어지긴 했지만 모두가 계속해서 흥분과 경외감을 유지할 수는 없다. 게다가 평범한 우리는 유럽의 옛 선조들이 거대한 성과 교회를 짓도록 누군가에게 강요했다는 사실에 괴로움을 느끼기도 했다.

마크 트웨인과 일행들이 흥분을 감추지 못한 유일한 장소는 팔레스타인 성지였는데, 이상하리만큼 그곳이 친숙했기 때문이다.

우리는 메마른 갈릴리 호숫가를 보며 황홀경에 빠졌고, 다볼 산과 나사렛에서 깊은 생각에 잠겼으며, 에스드라엘론의 놀라운 사랑스러움에 시가 터져 나왔고, 이스르엘과 사마리아에서 예후의 종교적인 열정을 떠올렸고, 예루살렘의 성스러운 장소들에서는 흥분의 도가니였다. 요단 강과 사해에서는, 우리가 든 여행자보험에 여분의 보상 혜택이 있는지 없는지 아랑곳하지 않고 목욕을 했고, 게다가 거기에서 엄청난 성수를 병에 담아왔으니 올해 여리고에서 모압 산지에 이르는 지역은 가뭄에 시달릴 것이다.[3]

내가 어렸을 때 우리 가족이 성지를 여행할 기회는 없었다. 하지만 거기 다녀온 친구들과 친척들을 사로잡은, 성지에 대한 일종의 숭배에 주목하지 않을 수 없었다. 지금까지도 요단 강 물이나 사해에서 둥둥 떠다닌 일에 관한 이야기들을 기억하고 있을 정도다.

마크 트웨인의 흥미로운 소견은 환경과 민족을 대하는 특정한 방식과 닮았는데, 이것은 특정 유형의 관광에서만이 아니라 우리 시대의 지배적인 풍조가 되고 있다. 다른 민족과 다른 장소에 대한 우리의 경험, 심지어는 진실한 경험처럼 보이는 것들도 우리의 선입견을 통해 걸러진 것들이다. 게다가 우리의 신념은 깊이 뿌리박혀 있어서 때로는 무의식적으로 세상과 관계 맺는 방식에 영향을 준다. 마크 트웨인은 팔레스타인을 지나 이집트까지 갔지만, 이집트는 관광객들에게 큰 흥미를 끌지 못했다. 우리가 전혀 다른 환경에 있는 민족과 관계를 맺을 때 종교적 신념은 해롭거나 유익한 영향을 더하기 마련이다.

관광

마크 트웨인의 19세기 견문록 이후, 관광 산업은 자기 의사만으로는 절대 집을 떠나지 않을 수백만 명에게 여행의 길을 열어주었다. 오늘날 매년 평균 42일간 휴가를 즐기는 유럽 사람들에게 관광은 생활방식의 일부이다. 미국의 경우 평균 휴가 기간이 13일밖에 되지 않고 그나마 33퍼센트는 휴가 중에도 상사의 지시를 받아야 하는 만큼, 관광이야말로 짧은 기간에 가장 효과적으로 활용하려는 사람들에게 우선으로 선택된다.[4]

일상적인 일의 압력에서 벗어나 길에서 더 많은 시간을 보낼 기회를 얻게 되면 분명 시야가 넓어질 수 있다. 아울러 일상적인 일을 다른 관점에서 보고 의문도 제기할 수 있다. 나는 아내와 미국으로 이주한 직후 폭스바겐 캠핑카를 타고 노스캐롤라이나에서 캘리포니아까지 한 달간 미국을 횡단하며 여행했던 추억을 여전히 기억하고 있다. 동력이 낮은 수송 수단을 운전하다 보니 미국의 광대함을 느낄 수 있었고 애국심의 담론 아래 눌려 있는 진정한 다양성과 긴장감도 감지할 수 있었다. 예를 들어 체로키 인디언이 언제나 오클라호마 주에서만 산 것은 아님을 알게 되면서 우리보다 훨씬 느리게, 다른 목적으로 여행했던 이들을 생각하게 되었다.

만일 우리가 버스를 타고 대륙을 횡단했다면 이와 다른 흥미로운 교훈을 배웠을 것이 분명하고, 노스캐롤라이나에서 캘리포니아까지 비행기를 탔다면 미국이라는 나라에 대해 훨씬 피상적으로 알게 되었을 것이다. 여러 해가 흐른 뒤에 나는 강의 겸 연구조사 현장 탐방을 위해 오토바이로 대륙 횡단을 시도했는데, 오토바이 덕분에 자기네 여행담을 들려주고 싶어 하는 온갖 종류의 사람들과 대화할 수 있게 되어 마침내 내 영역 바깥에 있는 사람들에게 가까이 다가갈 수 있었다. 오토바이 여행으로 환경과의 더 친밀한 만남도 가능했는데 그 생긴 모양과 풍기는 냄새는 물론 그것이 주는 시련까지 경험할 수 있었다. 천둥을 수반한 폭풍우, 모래 강풍, 장기간의 혹서, 한파, 돌풍, 끝없이 펼쳐지는 대지는 상당 기간 거기 노출된 여행자에게 불가피한 흔적을 남긴다.

여행이 경제 문제와 밀접한 관계가 있다는 것은 주지의 사실이다. 대체로, 관광을 할 만한 능력이 있는 사람들은 어느 정도의 경제적 지위를 가진 자들이다. 경제적 지위는 또한 얼마나 멀리, 그리고 어느 수준으로 여행할 수 있는지도 좌우한다. 돈이 많은 사람은 국내에서도 일상의 역경에서 벗어날 수 있지만 해외를 여행할 때도 마찬가지다. 중산층 여행자도 여행에서 계층 간 격차를 즉시 실감할 수 있다. 장기간 비행에 익숙한 사람은 라틴 아메리카와 아시아와 아프리카와 유럽을 향해 복잡한 항로를 날고 있는 항공기에서 비즈니스 클래스와 이코노미 클래스 사이에 상당한 차이가 있다는 것을 안다. 이코노미 클래스는 공간이 좁은 만큼 불편하고, 그보다 상급의 클래스는 편한 데다가 서비스까지 넉넉하다. 세계 정상급 호텔에 투숙할 만한 능력이 있는 사람들에게는 상파울루든 요하네스버그든 상하이든 프랑크푸르트든 뉴욕이든 차이가 없을 것이다. 특권층이 찾는 곳에서는 언어의 장벽도 전혀 문제가 되지 않는다. 힐튼 호텔 대변인의 말대로 그들의 "호텔은 하나같이 작은 미국"이기 때문이다.[5]

날이 갈수록 관광은 세계 여러 곳에서 경제적인 수익 산업으로 변모되고 있고, 일부 지역에서는 그 산업에서 나오는 수익에 의존하고 있다. 관광산업은 정체해 있지 않고 지구촌 전역으로 경제권이 확대되는 현상과 나란히 동반 상승 중이다. 수십 년 전만 해도 완전히 이국적으로 보였던 장소들도 지금은 흔하디흔한 관광지로 자리 잡았다. 사실 요즘은 우주 관광객이 등장한 시대다. 알려진 바에 따르면 그들은 관광이란 딱지를 거부하는 모양이지만 말이다. 북극 여행의 경우, 일반인의 왕복 운임은 약 1,800만원, 하룻밤을 묵을 경우에는 약 2,400만 원으로 책정되어 있다.[6] 남극 여행은 이보다 싸게 500만 원에서 시작하지만, 관광지로서의 매력이 점증하는 추세라 앞으로 관광객이 상당히 늘어날 것으로 예측된다. 재정 능력이 있는 사람들에게는 언제나 새로운 개척지가 있기 마련이다. 상업적인 관광 논리가 그것을 요구하기 때문이다.

미국의 사회경제 스펙트럼의 다른 극단에서는 비행기를 탈 여력이 없어서 버스로 여행하는 사람들도 많다. 케스 웨스턴은 미국의 가난한 사람들과 여행한 경험을 글로 썼다.[7] 이런 여행에서 부딪히는 걸림돌은 먼 거리나 우주의 신개척지가 아니다. 이를테면, 불법 이민자를 단속하는 경찰의 임의 조사나 조금이라도 의심스러우면 가차없이 대우가 바뀌는 것이 걸림돌일 수 있다. 또 다른 걸림돌로는 버스가 도시의 가난한 지역을 도는 바람에 도심지를 찾아가는 과정에서 상당한 어려움을 겪을 수 있다. 돈이 부족해 버스로 여행할 때 따르는 어려움을 한 여성은 이렇게 요약하고 있다. "여기서 사람들은 부유한 나라에서 사는 것이 얼마나 행운인지 떠들고 있는 중인데, 나는 점심을 사먹을 돈도 없는 형편이다."[8]

버스 여행은 "미국에 마지막으로 남은 준準공적인 공간, 즉 여론조사기관의 점잖은 질문을 기다리지 않고도 사람들이 회사 재정이나 가계 예산에 관해 묻고 떠들고 싸우는 현장"[9]에 접근할 수 있게 해준다. 안타깝게도, 장거리 버스 여행 승객들이 흔히 경험하는 만남은 모스크바나 부에노스아이레스나 뉴욕이나 런던이나 베를린 같은 대도시의 공공 교통 시스템에서는 거의 일어나지 않는다. 우리 자녀들은 그런 장소에서 낯선 사람과 얘기해서는 안 된다는 것이나, 필요한 경우에는 낮은 목소리로 대화해야 한다는 것을 금방 배운다. 웨스턴이 대륙횡단버스에서 동료 여행자들에게서 얻은 가장 중요한 교훈은 '부자'나 '가난뱅이' 같은 용어는 그 집단 간의 관계를 은폐하기 때문에 사람을 오도하는 경향이 있다는 점이다.[10] 버스 여행자가 길에서 접하는 부와 가난은 일부 계층의 부가 다른 이들의 낮은 임금을 기반으로 하는 것인 만큼 결코 독립적일 수 없다. 다른 많은 불평등과 마찬가지로, 빈부의 불평등 관계는 아래에서 가장 잘 볼 수 있다. 버스 여행자들이 수집한 경험은 테마 공원이나 휴양지나 선박여행의 여행자들처럼 대본에 따라 타인과 환경을 만나는 경험과는 현격하게 다르다.

그러면 여행은 과연 시야를 넓혀줄까? 이는 타인이나 환경과 실질적인 만남이 일어나는지, 또 그런 만남이 우리에게 얼마나 도전을 주는지에 달려 있다. 여행은 진공 상태에서 일어나지 않는다는 말이 옳다면, 여행자와 관광객은 당국자들이 대본을 쓰고 결정한 만남의 일부이다. 지배적인 정치, 경제, 문화를 모델로 삼아 타인과 만나는 법에 관한 전례가 여행자와 관광객의 경험을 위한 무대를 설정해주는 것이다. 특히 아직도 '이국적'으로 간주하는 장소에서 그렇다. 인류학자 데니슨 나쉬가 말했듯이 "여행자는 무역업자, 고용주, 정복자, 총독, 교육자, 선교사와 마찬가지로 문화 간 접촉의 중개인으로 간주하고, 직간접적으로 특히 저개발 국가들에서는 변동의 요인으로 여겨진다."[11] 여행자는 무역업자와 고용주와 정복자보다 더 많은 자유를 누릴지 모르지만, 여행자의 타인과의 만남은 다양한 권력을 잡은 자들이 개발한 패러다임을 반영하는 경향이 있다. 달리 말하면, 권력이 서로 다른 세계들이 만나는 방식의 무대를 설정해주고, 여행자는 이런 권력관계에서 완전히 벗어나는 경우가 없다는 뜻이다.

여행자와 관광객의 삶에 변화가 일어나면 시야가 넓어진다. 그런데 갈수록 더 많은 관광객이 삶을 변화시키는 경험을 추구하고 있지만 정작 변화는 관광객보다 현지인에게 일어날 가능성이 더 많다. 연구조사가 보여준 것처럼, 이른바 '변함없고' 또한 '원시적인' 현지인과 변화를 추구하는 현대의 관광객이 만날 때, 현지인은 변화를 강요받는 데 비해 관광객은 예전 그대로 남는다.[12] 그 결과, 관광객은 무슨 일이 일어나고 있는지도 모른 채, 현지인 타자들은 관광객의 기대치와 이상에 적응할 필요가 있는 존재가 되고, 따라서 제국적인 권력관계가 그들 삶의 전 영역에 스며들게 된다.[13]

요즘 교회들이 점점 더 많은 선교여행을 추진하고 있는 상황에서 시야가 넓어지는 것을 방해하는 현상이 여전한

> 갈수록 더 많은 관광객이 삶을 변화시키는 경험을 추구하고 있지만 정작 변화는 관광객보다 현지인에게 일어날 가능성이 더 많다.

것은 심각한 문제이다. 흔히 배움의 경험이라고 부르는 여행에서 여행자들 편에 진정한 변화가 일어나지 않으면, 그들은 현지인에게 연민을 느끼거나 현지인을 위해 뭔가를 하면서 자만심을 느끼는 정도에서 그칠 수 있다. 여행하는 사람들이 두 세계 사이의 차별성과 거기에 존재하는 권력상의 격차를 이해하지 못한다면, 시

야는 넓어질 수 없고 변화도 일어나지 않는 법이다. 이런 문제를 명료하게 볼 수 있이야만, 만남을 통해 여행자와 관광객의 눈이 떠지고 현재 상태에 도전을 제기할 수 있을 것이다.

바로 이런 불만을 좀 더 탐구할 필요가 있다. 완고함을 자랑하는 특권층 여행자라도 이런 불만을 전혀 느끼지 않을 수는 없다. 다행히도 오늘날 많은 여행자와 관광객이 단순한 방문객의 입장을 넘어서려고 한다. 그들은 이런저런 형태로 타인의 사회와 좀 더 깊은 관계를 맺고 싶어 한다.[14] 이런 갈망을 통해 여행자들은 그들 자신에 대한 새로운 관점을 얻게 된다. 오늘날처럼 범지구촌이 형성된 세계에서, 자아와 타자는 서로 불가분의 관계를 맺고 있는 만큼 타자에 대한 새로운 관점과 자신에 대해 참신한 관점을 얻는 것은 아주 중요하다. 부유한 미국인들이 애호하는 개인주의는 하나의 신화에 불과하기 때문이다. 예를 들어, 내 허리에 있는 벨트는 수년 전 학생들과 함께 방문했던 미국과 멕시코 접경 지역의 보세임가공 산업 단지의 노동자들이 생산한 것이다. 페루의 리마와 아르헨티나의 부에노스아이레스의 친구들은 19세기 미국 선교사들이 세운 미국식 학교에서 교육을 받았다. 여행이야말로 이런 상호관계를 인식할 기회를 제공한다. 이런 상호관계와 거기에 내재된 긴장을 인식하고 변화의 필요를 느낀다면 여행은 혁명적인 성격을 띠게 된다.

이런 도전을 위해 노력할 때는 여행 책자가 도움이 될 수 있다.

하지만 전통적인 여행 책자들은 화려한 표지를 제외하면 전화번호부보다 매력이 없는 편이다. 건조한 사실들과 객관적인 묘사를 읽는 것은 무척 지루한 일이다. 일부 사람들의 모험과 도전을 묘사하는 부분으로도 충분치 않다. 좋은 여행 책자는 현재 상태에 대한 불만에 어느 정도의 지면을 할애하고, 사람들의 상상을 가능

오늘날처럼 범지구촌이 형성된 세계에서, 자아와 타자는 서로 불가분의 관계를 맺고 있는 만큼 타자에 대한 새로운 관점과 자신에 대해 참신한 관점을 얻는 것은 아주 중요하다.

한 대안들로 이끌어줄 것이다. 최상의 여행 책자는 독자에게 도전을 주지 않는 여행은 아무것도 아님을 잘 알고 있을 것이다. 여행의 도전에는 다양한 요소가 있을 수 있지만, 가령 자아와 타자를 깊은 차원에서 알아가는 일이나 우리와 타인과의 관계를 특징 짓는 긴장을 알아가는 일 등이다. 자기비판적인 관점을 얻는 것은 결코 진부한 일이 아니다. 자신을 비웃을 수 있는 능력, 즉 마크 트웨인이나 스타인벡 같은 작가들이 구현하는 유머는 참으로 중요하다. 언제나 분별력을 갖고 여행하는 사람들은 권력상의 격차를 필수적으로 이해하는 법이다.

이주

관광산업의 성장과 함께 나란히 성장한 세계를 바꾼 또 다른 종

류의 여행이 있다. 2차 세계대전 이후 관광업의 성장과 함께 반대급부의 움직임이 일어나면서 세계 전역에서 더 많은 사람을 미국과 유럽의 부와 권력의 중심지로 끌어당긴 것이다. 이주는 오래된 현상이지만 갈수록 이주민이 늘어나는 것은 새로운 현상이다. 오늘날 우리가 경험하는 대규모 이주는 여러 종류의 갈등 상황과 관련되어 있다. 그중 일부는 정치적 성격을 띠고 있다. 정치적 이유로 박해를 당하고 생명이 위협받는 사람들은 좀 더 안전한 나라로 망명을 요청한다. 정치적 박해를 받은 사람들은 특히 유럽과 미국으로 많이 이주했다.

유럽 국가들과 미국의 이민 정책은 정치적 박해를 받는 경우에 대체로 망명을 허락해준다. 이민국이 정치적 박해의 증거를 인정하기만 하면 망명자는 해당국에 머물 수 있다. 반대로 증거가 인정되지 않으면 본국으로 되돌아가야 하는데, 이 경우에는 당연히 많은 문제가 야기된다. 1951년 UN 제네바 협정에 따르면, 인종, 종교, 국적, 집단, 정치적 견해를 이유로 박해를 받는 경우에 망명 신청을 승인하게 되어 있다. 1990년대에 와서야 성적인 이유로 받는 박해가 첨가되었다. 아직도 포함되지 않은 것은 경제적인 역경과 관련된 망명 사유들이다.

정치적 이유로 인한 이주, 특히 생명이 위태로운 이주민의 경우는 쉽게 수용되는 추세지만, 경제적 이유로 인한 이주는 유럽과 미국 모두에서 큰 논란거리가 되고 있다. 정치 피난민들은 그들의 용기와 담대함으로 칭송을 받지만, 경제 피난민들은 이중적이고 기회주의적인 인물로 묘사되기 일쑤다. 유럽과 미국에 감도는 일반적인 정서는 정치 피난민을 생사의 갈림길에 처한 인물로 보는 데 반해, 경제 피난민은 돈을 더 많이 벌고 더 편한 인생을 살기 위해 국경을 넘는 무임승

정치 피난민들은 그들의 용기와 담대함으로 칭송을 받지만, 경제 피난민들은 이중적이고 기회주의적인 인물로 묘사되기 일쑤다.

차자로 간주한다. 이런 풍토에서 경제 피난민은 피난민으로도 인정되지 않고 '불법 이민자'로 분류된다. 보통 간과되는 사실이지만, 현실적으로 이주 여행의 다양한 이유를 나누는 기준은 분명하지 않다.

오늘날 수백만 명의 이주민들이 국경을 넘으면서까지 돈의 흐름을 좇고 있는 것은 엄연한 사실이다. 하지만 이들 가운데 자발적으로 이주 여행을 하는 경우는 무척 드물다. 이주민들은 더 이상 본국에서 생계를 유지할 수 없기 때문에 다른 선택의 여지가 없는 경우가 많다. 내가 가르치는 학생들은 미국과 멕시코 국경 근처에 사는 이주민들과 대화를 나누고 나서야 비로소 흔히 공인되지 않은 이런 사실을 이해하게 되었다. 우리가 국경 지역을 방문해 얘기를 나눈 대규모 이주민들은 멕시코 치아파스 출신으로 다국적 기업의 영향으로 자기네 땅에서 쫓겨난 이들이었다. 북아메리카 자유무역협정NAFTA으로 미국 농민이 옥수수를 싼값에 팔수 있게 되자 다수의 멕시코 농민은 생계수단을 잃고 말았다. 정

치 피난민이 생사의 갈림길에 처해 있는 것과 마찬가지로 경제 피난민도 같은 처지에 빠지고 있는 중이다.

생존을 위한 불가피한 이주 여행이 우리에게 상기시키는 역설은 이것이다. 자유무역협정이 증가함에 따라 돈은 국경을 넘어 더욱 자유롭게 여행할 수 있게 되었지만, 생존을 위한 사람들의 이동은 갈수록 더 규제되고 있다는 사실이다. 북미간 자유무역협정을 반기며 이것이 남쪽으로 더욱 확장되리라 예측되는 시대에 미국과 멕시코의 국경에는 견고한 울타리가 세워지는 중이다. 그래서 부득불 돈의 흐름을 좇아 멕시코에서 미국으로 넘어가려는 사람들은 과거 어느 때보다 더 생명의 위험을 감수하고 있다. 멕시코와 애리조나 주의 국경에서 2009-2010년에 253명이 사망했다.[15] 현재 국경을 넘으려는 사람의 수는 줄어들고 있지만 사망자 수는 계속 증가추세에 있다.

그런데 자주 간과하는 사실은 대다수의 이주민이 북쪽에 있는 부유한 나라들만 향하고 있는 것은 아니라는 점이다. 먼저 이주 노동자들 대부분이 '주변부' 세계 안에서 이동하고, 그다음으로 부유한 나라들 사이에서 이동한다. 주변부에서 중심부로 움직이는 이주는 세 번째 규모다. 인도, 중국, 브라질 같은 신흥 산업국가들은 농촌에서 도시로 움직이는 이주민의 규모가 큰 편이다. 최근 들어 부유한 나라들에서는 특정 노동을 외국인 노동자에게 맡기는 현상이 늘어나고 있다. 가사 노동, 즉 어린이나 노인을 돌보는 등의 집안일이 증가한 것이다. 그래서 가난한 나라에서 부유한 나라로 이주하는 남성의 수는 줄고, 대신 여성의 수요가 늘어나고 있다. 이런 여성들은 남성 노동자보다 주인집과 더 가까운 관계를 맺는 입장에 처한다.[16] 그만큼 이주 여행은 무척 복잡한 문제이고, 이주민 집단은 각자 조언을 제공해줄 만큼 나름의 경험을 갖고 있다.

나 역시 이민자의 한 사람이고, 이주의 이유도 다른 사람들처럼 복잡하다. 나는 미국의 일류 대학교에서 해방신학을 연구할 기회를 얻고 싶었고, 가족은 가족대로 이유가 있었다. 독일에서 미국으로 이주하면서 다른 나라 이주민들처럼 큰 역경을 겪지는 않았지만, 이 여행은 관광과는 근본적으로 달랐다. 여행자의 경우는 부담도 되지만 즐기기 위한 수단일 수도 있는 외국 문화와 언어 문제가 갑자기 생존의 문제로 다가온 것이다. 나는 독일 남부지방에서 자라면서 고향 방언과 표준 독일어로 소통하는 법을 배웠다. 고지 독일어Hochdeutsch라고도 하는 표준 독일어는 우리 집에서 사용하는 방언과 달랐고, 지적인 능력을 평가하는 시험은 방언에 근거해 치러졌다. 그러다가 미국으로 이민 와서 완전히 다른 언어로 소통하는 일은 상당한 어려움을 안겨주었다. 여행자라면 의사전달이나 해석에 실수가 있어도 웃고 넘길 수 있지만 이주민의 운명은 지나치게 많은 실수를 허용하지 않는다. 직장을 구하고 있을 때 한 신학교 학장에게 이런 말을 들었다. "당신의 연구 실적은 나무랄 데 없지만 당신이 영어를 얼마나 잘 구사하는지 알고 싶군요." 또 대다수의 여행자는 방문지의 현지인보다 더 많은 부와 권력을 갖고 있는 데 반해, 대부분의 이주 노동자는 이민국 국민보다 훨씬 외소한 형편이다.

물론 이주민 공동체는 시간이 지남에 따라 이민국의 지역사회를 바꿀 수도 있기 때문에 전혀 힘이 없는 것은 아니다. 새로운 혼성 문화와 의사소통 네트워크가 출현함에 따라 혁명의 잠재력이 생긴 것이다. 관광학을 연구하는 딘 맥카넬은 '관광 이후의 시대' 혹은 '복합 공동체'에 관해 논하고 있다.[17] 포스트식민주의와 하위주체subaltern 연구가 등장하고 이주가 늘어나는 시대에 비판 이론critical theory이 출현한 것은 결코 우연이 아니다. 이민자의 나라 미국은 최초의 유럽인들이 도착한 이래 언제나 이민 공동체가 존재해왔다. 이민자들이 속속 도착하면서 미국의 개성이 바뀐 것은 새로운 현상이 아니고, 그들 중 다수가 유럽에서 왔음에도 불구하고 변화의 와중에 긴장이 없었던 적도 없었다. 이주 여행은 계속해서 변화를 초래하는 중이다. 특히 텍사스 같은 주에서는 남쪽 국경에서 온 이주민이 최대 규모의 소수 집단을 이루면서 백인 비율이 50퍼센트 아래로 떨어지고 있다. 그 결과 많은 지역에서 영어 대신 스페인어가 사용된다. 이런 변화의 규모를 가장 잘 드러내는 척도가 광고판에 적힌 언어가 바뀌는 현상이다.

이주민의 경험은 갈수록 더 복잡해진다. 수송 수단과 전자 커뮤

니케이션의 발달로 인해 이주민들은 복수의 정체성뿐 아니라 복수의 장소까지 유지할 수 있게 되었다. 인류학자 나제 알리-알리와 칼리드 코제르는 말한다. "이주민과 피난민은 범세계적 지향성을 가진 새로운 정체성과, 특정 지역을 초월한 복수의 가정 개념을 개발한다." 그 결과 "가정이란 '여기'와 '저기' 사이의 변하는 연결부 내에 창조된 하나의 공간, 하나의 공동체가 되었다."[18] 따라서 이주민과 피난민에게는 애국심이나 민족주의 저변에 깔린 신화적인 가정의 이미지는 더 이상 의미를 지니지 못한다. 그렇다고 가정의 개념이 사라진 것은 아니고, 다양한 장소가 가정으로 통하게 되었다는 뜻이다. 또 가정은 본국과 거주하는 나라 사이의 긴장 속에 존재할 수도 있다.

나는 이중국적을 갖고 있기 때문에 이런 역학을 쉽게 이해할 수 있다. 초기 그리스도인들도 비슷한 정서를 품고 있었다. "우리가 여기에는 영구한 도성이 없으므로 장차 올 것[도시]을 찾나니"(히 13:14). 알리-알리와 코제르가 말하듯이, "초국가적인transnational 이주민의 두드러진 특징 중 하나는 여러 장소에 대한 복수의 충성심을 품고 있다는 점이다."[19] 게다가 이주민의 송금은 본국에 있는 가족들과 국가의 경제적 안녕에 갈수록 중요해지고 있다. 이 때문에 상황은 더욱 복잡해진다. 즉 이주민 또한 여행자나 관광객과 마찬가지로 본국과 단절되지 않았다. 나아가 이주민의 운명이 본국에서 일어나는 일에 영향을 주고 있기까지 하다. 즉 이주민의 여행은 상호관계를 도모하는 성격을 갖게 되었다.

여행의 두 가지 관점

이주민과 관광객의 근본적인 차이점은 더 명료해진다. 관광객은 자신을 기다리고 있는 자신들의 가정으로 안전하게 귀가할 것을 기대한다. 이주민에게는 이런 기대감이 없다. 맥카넬은 이렇게 말한다. "진정한 영웅들은 결국 어디에서 끝날지도 모르는 채 집을 떠나는 이들, 그들의 최종 도착지가 본향과 뜻깊은 관계가 있을지도 모르는 채 떠나는 이들, 단지 그들의 장래가 동료 여행자들이나 길에서 만나는 자들과의 대화로 이루어질 것만 아는 이들이다."[20] 이것이야말로 편도 티켓만 구입한 자들이 쉽게 공감할 수 있는 여행, 구약과 신약 성경에 등장하는 다수의 여행과 비슷한 보다 실존적인 형태의 여행이다. 이런 경험에서 신앙과 인생에 유익한 교훈이 흘러나오는데, 이를 맥카넬은 다음과 같이 표현하고 있다.

신유목민은 안정, 유지, 국가, 부동산 등을 전제하거나 지지하는 정치적 약속이 지켜질 수 없다는 것을 잘 안다. 땅은 한 곳에 정주하려는 속성에 기반한 듯하다. 하지만 진정한 특성은 발밑에서 끝없이 변한다는 점이다. '부동산'에서 움직일 수 없는 '부동'으로 불리는 것은 오직 사유화된 것으로 국한된다. 즉 누군가에게 속해 있는 것, 그를 둘러싸고 있는 것에 한한다는 뜻이다. 사유화되어 '움직일 수 없는' 것은 유목민의 자유와 반대로 사고체계나 행위에 절대 한계를 규정한다.[21]

물론 이주 여행자의 자유를 낭만적으로만 그려서는 안 되지만, 자기 자리에만 머무는 사람이나 관광객으로만 여행하는 사람들에게는 필요한 교정자의 역할을 하기도 한다.

이주민의 여행과 대조적으로 부유한 관광객의 여행은 "영토권에 표하는 경의"가 될 수 있다. 맥카넬이 신랄하게 지적했다시피, 이런 식의 여행은 "정교한 이동수단과 현대적인 숙박 시설을 포함하는데, 일체의 위험을 제거한 실내형 생활방식을 뛰어넘어 과거 왕족의 영지에서나 가능했던 흥청망청 생활방식을 모형으로 삼은 것이다. 부르주아 여행자가 투숙하는 호텔은 하나같이 그 손님들을 '왕족'으로 대우하겠다고 약속한다. 이는 특별한 이상형에 호소하는 것으로서, 거기에 포함된 음식과 숙박 시설과 교통수단 등은 본국에서 접하는 것보다 더 화려하고, 더 정교하고, 풍부하게 준

진정한 영웅들은 결국 어디에서 끝날지도 모르는 채 집을 떠나는 이들, 그들의 최종 도착지가 본항과 뜻깊은 관계가 있을지도 모르는 채 떠나는 이들, 단지 그들의 장래가 동료 여행자들이나 길에서 만나는 자들과의 대화로 이루어질 것만 아는 이들이다.

비되어야 한다."[22] 이런 허세는 여행자를 우월한 위치에 두고 현지인을 열등한 자리에 놓는 상하관계를 만들어낸다. 그 결과, 현지인은 여행자의 요청을 받드는 종으로 전락한다. 맥카넬은 "부적절한 자리에 놓이는 두 가지 방식", 곧 두 가지 극단에 관해 얘기한다. 이주 여행자들은 "인간의 창조성을 표출하는 새롭게 합성된 인생의 모습"을 구현하고, 기득권층을 대변하는 관광객들은 "권력의 새로운 형태, 창조성의 억제와 통제"를 구현한다.[23]

이른바 '위로부터 초국가주의transnationalism'와 '아래로부터 초국가주의'는 차이가 있고,[24] 여행자와 관광객과 이주민은 모두 이 이분법 속 어딘가에 들어맞는다. 위로부터 초국가주의는 오늘날 지배적인 세계화를 나타내고, 아래로부터 초국가주의는 일반 대중이 나름대로 중개자의 역할을 담당하는 세계화이다. 앞으로 살펴보겠지만, 이주민뿐 아니라 여행자와 관광객도 후자의 움직임에 함께할 수 있는 기회를 갖고 있다.

길
위의
신학

_여행에 관한 신학적 사유

"우리는 책보다 산책을 통해 하나님에 관해 더 많은 것을 배운다."[1] 프레드릭 헤르조그의 책,《하나님과의 동행*God-Walk*》은 이렇게 시작한다. 오늘날의 신학은 이 점을 잘 의식하지 못하는 듯하지만, 이 지혜는 유대-기독교 전통 전체에서 메아리친다. 만일 성경에서 여행하는 일과 걷는 일을 모두 빼버리면 남는 내용이 많지 않을 것이다. 사상 최고의 신학자로 칭송을 받는 사도 바울조차 그의 사상을 길 위에서 개발했다.

헤르조그는 산책을 중요하게 여겼다. 그는 대학교 교정이나 동네에서 산책하면서 학생들과 만나는 것을 좋아했다. 그래서 집에서 학교까지 걸어다니는 것을 선호했고, 차를 가진 학생들이 태워주겠다고 하면 "난 그걸 믿지 않아"라고 응수하곤 했다. 헤르조그의 집무실에는 유럽과 미국의 위대한 신학 스승들의 사진 대신 아프리카계 미국인 소방관으로 훗날 하반신이 마비된 윌리엄 에

드워즈의 사진이 걸려 있다. 헤르조그는 그에게서 '손안의 성경법Bible-in-hand method'을 배웠다고 한다. 성경의 뜻을 이해하려면 들판에서, 삶의 여정에서, 투쟁의 한복판에서 그 책을 소리 내어 읽어야 하고, 두 다리로 서서 생각해야 한다. 헤르조그가 좋아하는 아프리카계 미국인의 찬송가에는 이런 대목이 있다. "우린 험난한 길을 걷네, 매서운 징벌의 채찍을 맞으며, 태중의 소망이 죽은 날에 태어난 인생." 헤르조그가 죽음 직전에 쓴 최후의 글에서 이 가사를 인용한 것은 결코 우연이 아니다.[2]

'손안의 성경법'은 헤르조그가 명명한 '길거리 예수'와도 일맥상통한다. "길거리 예수가 오늘날 핵심사안인 것은 그분이 우리 인간이 통제할 수 있는 한계를 가르쳐주기 때문이다. 이 한계 안에서만 역사 변동의 동력이 역사를 건설적으로 움직일 수 있다."[3] 길 위의 여정에서 만나는 도전은 실제적일 뿐 아니라 신학적이기도 하다. 신의 정체성 자체가 걸려 있는 문제이다. "예수와 함께 걷는 일은 우리를 하나님이 누군지에 관련된 갈등에 빠뜨려 하나님의 성품을 새롭게 발견하지 않을 수 없게 만든다."[4] 예수와 함께 걷는 것처럼 헤르조그와 함께 걷는 것도 결코 쉬운 일이 아니다.

유대-기독교 전통의 토대인 성경은 여행 갈 때 들고 가야 살아나는 정적인 책이 아니다. 성경은 일종의 총서와 같은데, 그중의 다수는 유목민의 방랑, 포로생활, 기행 등 많은 여행자에게 낯익은 긴장과 몸부림의 한복판에서 쓰였다. 성경은 고전적인 세계 문학 작품 가운데 거의 유일하게 특권층이 아닌 평민의 목소리와 관심사가 담겨 있는 보기 드문 책이다. 성경이야말로 오늘날 일어나는 문학관의 전환을 미리 예시한 책이라고도 할 수 있다. 포스트 식민주의 이론가 호미 바브하는 이렇게 묘사한다. "한때 국가의 전통을 전수하는 일이 세계 문학의 주요 주제였는데, 지금은 이주민이나 식민지 민중이나 정치 피난민의 초국가적인 역사인 국경과 접경의 상황이 세계 문학의 영역이라고 말해도 좋을 것이다."[5]

성경 안에는 이처럼 이주민들(더 나은 삶을 바라며 집을 떠나는 아브라함을 필두로)과 식민지 민중(역사의 여러 단계에서 주변 제국들의 압박을 받은 이스라엘 백성과 신약시대의 유대 민족)과 정치 피난민(아기 예수의 가족이 받은 박해) 등 세계 문학이 즐겨 다루는 내용이 들어 있다. 이런 이야기들을 읽는 것은 현 상황에 대한 도전과 현 체제에서 혜택을 받지 못하는 사람들에 대한 공감의 입장에 서는 것이다.

구약 성경의 여행

히브리 성경, 즉 구약 성경에는 여행 자체가 이야기의 중심 내용으로서 깊이 얽혀 있기 때문에 여행 이야기가 없는 구약 성경은 상상할 수도 없다. 구약 성경의 '신조'로 간주되는 전통들은 여행 때문에 형성된 만큼, 주후 325년 니케아 신조를 기점으로 기독교가 로마제국의 공식 종교가 된 후 발전된 정적인 신조들과는 근본적으로 다르다.[6] 구약 성경의 신조들은 관념적인 언어를 사용하거나 형이상학적 정의를 내리는 대신에 이야기를 들려주고 길에서 만난 하나님을 전한다.

구약 성경의 신조들은 이야기를 들려주고 길에서 만난 하나님을 전한다.

내 조상은 방랑하는 아람 사람으로서 애굽에 내려가 거기에서 소수로 거류하였더니 거기에서 크고 강하고 번성한 민족이 되었는데 애굽 사람이 우리를 학대하며 우리를 괴롭히며 우리에게 중노동을 시키므로 우리가 우리 조상의 하나님 여호와께 부르짖었더니 여호와께서 우리 음성을 들으시고 우리의 고통과 신고와 압제를 보시고 여호와께서 강한 손과 편 팔과 큰 위엄과 이적과 기사로 우리를 애굽에서 인도하여 내시고 이곳으로 인도하사 이 땅 곧 젖과 꿀이 흐르는 땅을 주셨나이다(신 26:5-9).

구약 성경 전통의 중심에 놓여 있는 이런 신앙고백은 어떤 종류의 '약속의 땅'이든 거기에 도착했다고 생각하는 자들에게 갈등이 많았던 여정을 상기시키기 위해 고안된 것이다. 이런 고백에 비추어 갈등이 팽배한 오늘날의 이야기도 새로운 빛으로 조명할 수 있다.

여기에 나오는 아람 사람이 유목민인지, 도망자인지, 아니면 다른 누구인지의 문제는 성경학자들의 몫으로 남겨둬도 무방하다.

중요한 점은 이 아람인 조상이 갈등의 시대에 살았던 방랑자였다는 것과 이 구절이 오늘날까지 유월절의 시작을 경축하는 유월절 예식의 일부로 보존되고 있다는 점이다. 방랑하는 아람 사람에 관한 이야기가 얼마나 중요한지 짐작할 수 있는 부분이다. 이 단락의 서두, 즉 아람인 조상이 이집트로 여행하는 장면은 이미 긴장으로 가득 차 있다. 요셉은 형들 때문에 노예로 팔려 이집트로 내려가 거기에서 바로의 관리에게 넘겨진다(창 37:12-36). 이집트에 심한 기근이 닥치자 요셉의 조언을 받은 이집트인들은 곡물을 팔아 재산을 모아 부자가 되었고, 요셉의 형들은 곡물을 사기 위해 이집트로 이주하지 않을 수 없었다(창 41:53-42:5). 마침내 집에서 멀리 떨어진 이집트 땅에서 그들은 화해한다. 또 요셉의 아버지 야곱이 이집트로 이주할 때 하나님은 아람 부족을 지원해주시겠다고 약속한다(창 46:1-4). 그런데 이런 약속을 받고도 이스라엘 백성은 이집트에서 노예로 전락한다. 덕분에 또 다른 대규모 여행이 필요해졌다. 이 이야기를 통해 우리가 알 수 있는 교훈은 순수한 신학이란 존재하지 않으며, 신학자는 결코 중립적일 수 없다는 점이다. 이 점은 길 위의 신학에 깊숙이 들어갈수록 더욱 분명해질 것이다.

모세의 여행에서는 문제가 한층 더 복잡하게 꼬인다. 모세는 남자 아기를 모두 죽이라는 바로의 명령을 교묘히 피해 바로의 딸에게 입양되었다. 모세는 이집트 왕자로 양육된 것이다. 왕자는 평민과 어울리지 않는 법인데도, 모세는 히브리 노예와의 만남을 통해 왕족의 잠에서 깨어난다. 그는 히브리 노예들이 학대받는 광경을 목격하자 화가 나서 노예 감독을 죽이고 도망자가 된다. 모세가 정치 피난민의 신분으로 미디안 땅에서 가족을 부양하며 오랜 세월을 보내고 나자, 하나님이 불타는 떨기나무에서 말씀하신다. 하나님은 또 다른 여정을 위해 모세를 준비시키신 것이다. 여행하는 조상들과 관계를 맺었던 "아브라함의 하나님, 이삭의 하나님, 야곱의 하나님"(출 3:6)은 모세에게 이렇게 말씀하신다.

> 내가 애굽에 있는 내 백성의 고통을 분명히 보고 그들이 그들의 감독자로 말미암아 부르짖음을 듣고 그 근심을 알고 내가 내려가서 그들을 애굽인의 손에서 건져내고 그들을 그 땅에서 인도하여 아름답고 광대한 땅, 젖과 꿀이 흐르는 땅 곧 가나안 족속, 헷 족속, 아모리 족속, 브리스 족속, 히위 족속, 여부스 족속의 지방에 데려가려 하노라. 이제 가라. 이스라엘 자손의 부르짖음이 내게 달하고 애굽 사람이 그들을 괴롭히는 학대도 내가 보았으니 이제 내가 너를 바로에게 보내어 너에게 내 백성 이스라엘 자손을 애굽에서 인도하여 내게 하리라(출 3:7-10).

한 가지 분명한 사실은 과거와 현재와 미래를 통틀어, 이런 여행의 한복판에서 사람들은 하나님에 대해 훨씬 폭넓은 관점을 발견한다는 점이다. 모세도 예외가 아니다. 하나님에 대한 그의 인식은 통치자의 하나님에서 노예의 하나님으로 완전히 뒤집어졌을 것이 틀림없다.

억압에서 해방시키는 해방자 하나님, 즉 노골적으로 억압자에 대항해 피억압자의 편을 들고 이스라엘 자손의 대규모 '파업'을 이끄는 하나님 이미지가 너무도 강력해서 이후 신학자들과 종교인들은 이를 억제하려고 애써왔을 정도다. 이 대목에 나오는 신비로운 하나님의 이름 '나는 스스로 있는 자다'의 뜻은 이분이 자기 백성을 인도하시는 특별한 여정을 돌이켜보지 않고서는 막연한 추측에 그칠 뿐이다. 마찬가지로 연기가 나도 소멸하지 않은 떨기나무에서 실제로 계시된 내용에 관심을 두지 않고 기적적인 광경이나 추상적인 '신적 계시'의 개념에만 초점을 두어서는 안 된다. 여기에 이스라엘 자손의 해방이 곧 또 다른 억압, 즉 가나안 족속의 정복으로 이어진다는 비판도 단편적인 사고로 그칠 위험이 있다.

노예들이 제국의 굴레에서 해방되는 사건을 낭만적으로 묘사해서는 안 된다. 출애굽 이야기 자체가 약속의 땅에 이르는 여정이 실패와 고통과 역경과 잦은 몸부림을 수반한 수십 년에 걸친 힘겨운 발걸음이었다고 말한다. 하지만 하나님은 자기 백성과 함께 몸부림치며 그들을 포기하지 않고 그들과 함께 거기에 계셨다. 이들 오합지졸 여행자들이 어떻게 신명기에 기록된 정복 전쟁을 수행할 힘을 갖게 되는지 상상하기가 어렵다. 여리고의 패배와 이어진

정복 전쟁은 패배자의 희망적인 사고에서 나올 법한 이야기지만 (수 6:1-27) 현실은 다르다. 피억압자가 억압자로 변신한다는 염려는 억압자가 늘 품고 있는 두려움이자 피압박자의 환상이지만, 실제 역사에서 이런 일은 거의 일어나지 않았다. 물론 새로운 억압자는 항상 출현하기 마련이지만 이건 또 다른 이야기다.

히브리 노예들의 경우, 약속의 땅을 향한 방랑의 발걸음은 정복으로 이어지지 않았다. 이 노예들이 이미 약속의 땅에 거주하던 다른 히브리인들과 힘을 합쳤다는 역사적 자료가 있다. 여기서 '히브리인'이란 '사회에서 버림받은 자' 내지는 '말썽꾼'을 일컫는다. 이들 중 다수는 느슨한 정주생활을 시작한 농부들인데, 이집트에서 광야를 거쳐 최근에 도착한 히브리인들과 합류하게 된 것이다. 이들은 다른 농부들과 부적응자들의 해방을 위해 싸우려고 강력한 가나안 왕들에 대항해 분연히 일어섰다.[7] 이런 여행 이야기는 오늘날의 이주 이야기, 곧 여행이 생존의 문제이고 잘 되면 새로운 인생의 기회를 얻게 되는 이야기와 비슷하다. 여행 중 당하는 곤경이 모두 그렇듯이 이런 경험은 사람들의 시야를 넓혀준다.

유대인과 이슬람교도와 그리스도인이 모두 존경하는 아브라함의 여행도 흔히 생각하는 것보다 더욱 흥미롭고 복잡하다. 아브라함이 내디딘 발걸음은 잘 알려져 있지만, 옛이야기들은 그에 관해 많은 것을 들려주지 않는다. 우리가 알고 있는 내용은 아브라함이 하나님의 부르심을 좇았다는 것이 전부다. "너는 너의 고향과 친척과 아버지의 집을 떠나 내가 네게 보여 줄 땅으로 가라. 내가 너로 큰 민족을 이루고 네게 복을 주어 네 이름을 창대하게 하리니 너는 복이 될지라"(창 12:1-2). 얼핏 들으면 앞으로 승승장구하겠다는 보장 같지만, 이런 상황에 부딪힌 이주 여행자라면 고향과 친척과 친구를 떠나는 일이 얼마나 고통스러운지 잘 알고 있다. 아브라함 이야기에는 여행 중에 만나는 온갖 역경과 갈등도 들어 있다. 아브라함 가족은 가나안에 도착한 직후 기근 때문에 이집트로 옮겨가 거기에서 '나그네'로 살지 않을 수 없었다. 게다가 사라를 자기 아내로 밝히는 일을 두려워하는 아브라함 때문에 사라는 바로의 궁으로 끌려가 첩이 되어야 할 지경에 이른다(창 12:10-20). 이주민에게 힘이 없다는 점을 보여준다는 점에서 오늘날 이주민들의 이야기와 닮았다. 또 이주 여성들이 낮은 자 중에서도 가장 낮은 자로서 더 많은 곤경에 처한다는 사실도 상기시켜준다. 아브라함과 사라가 이집트로 여행하는 이야기는 이렇게 우리의 시야를 넓혀준다. 하나님은 단호히 이주 여행자의 편에서 그들을 구출해주신다.

아브라함 이야기 중에는 사라의 여종인 하갈과, 아브라함과 하갈 사이에 태어난 아들 이스마엘의 비극적인 여행 이야기도 나온다. 아브라함과 아내 사라 사이에 이삭이 태어난 직후 하갈과 이스마엘은 사막으로 버려진다. 그들은 권력자에게 쫓겨나 갈 곳 없는 피난민의 신세가 된 것이다. 결국에는 물까지 바닥나고 만다.

평생 메마른 사막을 경험한 적이 없는 서부 멕시코와 중앙아메리카의 수많은 이주민들이 국경을 건너고 나서 아리조나 사막에서 죽는 이유가 바로 물이 바닥났기 때문이다. 물론 신학적인 시야만 넓히는 것으로는 이런 절박한 상황에 도움이 되지 않는다. "하나님이 하갈의 눈을 밝히셨으므로 샘물을 보게"(창 21:19) 된다. 이 여행은 "하나님이 그 아이와 함께 계시매 그가 장성하"(21:20)였다는 신학적인 결론으로 마친다. 하갈과 이스마엘이 사막에서 겪은 경험을 모방한 여성주의 신학자 델로리스 윌리엄스의 소위 '광야 경험' 개념은 통제권 없이 오직 하나님께만 생존 여부가 달려 있는 여행자들의 실존적인 도전을 잘 반영하고 있다.[8] 이는 길이 없는 곳에서 길을 만들어야 했던 아프리카계 미국인 여성 윌리엄스 본인이 스스로 겪은 경험이기도 하다. 통제권이 없는 상황에 처하거나 남의 인도를 받아야 할 처지는, 정도의 차이는 있지만 지금도 여행자들이 겪고 있는 일이다.

히브리 성경에 나오는 여행 가운데 관광을 목적으로 하는 것은 하나도 없다. 여행은 긴장과 이동에 묶여 있지만 바로 이런 상황에서 새로운 희망이 싹튼다. 주전 6세기에 이르러 유다의 지도자를 비롯한 많은 백성은 다시금 여행길에 오르지 않으면 안 되었다. 이번에는 포로 신세가 되어 바벨론으로 끌려갔다. 이것은 또 다른 몸부림과 긴장의 경험이었지만, 이때 하나님에 대한 유대인의 이해가 크게 확대되는 일이 일어난다. 하나님을 오랫동안 자기 백성과 함께 여행하는 분으로 이해해왔던 이들 사이에, 이제는 하나님이 온 세계의 하나님이라는 새로운 이해가 형성된 것이다. 하나님은 단지 유다 백성과 함께 여행하시는 분으로 머물지 않고 그보다 더 위대하신 분임을 깨닫게 된 것이다. 유대-기독교의 창조 교리는 이와 같은 더 큰 하나님의 인식에 뿌리를 두고 있다. 다시 말해 유다 백성이 예배했던 하나님은 더는 개인적인 신이나 부족의 신에 불과하지 않고 온 세계의 창조주로서, 온 세계에서 일하는 분이다. 창조주에 대한 이런 믿음은 포로 상태에 있는 백성이 끝까지 인내하고 저항할 수 있도록 격려해주는 근거이자 비전이었다.

하나님이 특정 종교 공동체뿐 아니라 온 세계에서 일하는 분임을 깨닫는다면 우리 교회에도 엄청난 변화를 초래할 수 있다. 우선 우리 자신을 교회 건물이나 자신만의 사상과 생활방식에 묶어놓는 나르시시즘을 깨뜨리고 활짝 문을 열어젖히게 할 것이다. 교회의 기본 사역이 주로 예배당 속에 거주하는 하나님을 세상 속으로 모셔가는 일이라고 생각하는 교회는 식민주의 패턴을 반복할 뿐이며, 하나님이 다른 곳에서 무슨 일을 하시는지도 전혀 알 수 없을 것이다. 이런 하나님은 너무 좁기도 하거니와 그런 배경에서 경배를 받는 분이라면 어쩌면 하나님이 아닐지도 모른다. 그렇다고 교회 밖에서 일하시는 하나님만 바라보는 것만도 충분하지 않다. 하나님이 특정한 방식으로 또 특정한 목적을 위해 일하시는 분임을 분명히 하지 않으면, 하나님은 제국의 신들과 동일시될 것이나. 이런 일은 우리가 의식하는 것보다 더 자주 일어나는 편이다. 바벨론 포로 시절에도 그랬고, 오늘날 교회가 현 체제에 타협하고 이를 정당화할 때도 발생한다. 설사 교회의 나르시시즘을 우주적인 비전으로 대치하더라도 하나님이 권력자 편에 있다고 생각한다면, 보수주의 신학이든 자유주의 신학이든 별 차이가 없을 것이다.

하나님이 특정 종교 공동체뿐 아니라 온 세계에서 일하는 분임을 깨닫는다면 우리 교회에도 엄청난 변화를 초래할 수 있다.

그러므로 다음 두 가지를 모두 주지할 필요가 있다. 먼저 하나님은 많은 사람이 포로 상태에 있는 세상에서 일하고 계신다. 하지만 하나님이 세계의 창조주라는 사실은 그분이 현 체제를 인정하시지 않는다는 뜻이다. 창조 교리가 본래 포로 상태에 있던 백성의 경험에 바탕을 둔 것임을 망각하면 자칫 현상유지를 지지하는 것으로 오해하기 쉽다. 이 두 가지 통찰을 함께 묶어 포로 상태의 한복판에서 하나님이 일하고 계시는 곳, 즉 하나님이 움직이는 곳을 찾아가야 한다.

신약 성경의 여행

신약 성경에서도 하나님을 경험하는 중요한 사건들은 주로 길 위에서 일어난다. 예수의 제자들이 그분을 알게 되는 일은 멀리 떨어진 국경 지방의 자그마한 마을을 시작으로 마침내 수도인 예루살렘에 이르는 여정까지 그분과 함께 여행하는 도중에 이뤄진다. 바울은 길에서 예수의 출현을 경험한 뒤에 남은 생애를 로마 제국의 길을 여행하는 것으로 보냈다. 예수님에 대한 초창기의 깨달음이 길에서 생겼기에 '여행자 그리스도론*christologia viatorum*' 혹은 '길 위의 그리스도론*christologia viae*'도 충분히 타당성이 있다.[9] 위르겐 몰트만은 다음과 같이 표현했다. "나는 더 이상 그리스도를 정적으로, 즉 두 본성을 지닌 인물이나 역사적인 인물로 생각하려고 애쓰지 않는다. 나는 그분을 역동적으로, 즉 세계와 함께 하나님의 역사가 전진하는 운동 안에서 파악하려고 노력하고 있다."[10]

그리스도에 대한 역동적인 시각은 정적인 시각보다 더욱 흥미롭고 감동적이다. 그러므로 이를 근거로 우리도 그리스도인에 대한 정적인 관점에 묶여 있는 정적인 사고방식에서 벗어날 필요도 있다. 이제까지 하나님의 오른편에 앉아 있는 그리스도의 이미지는 무의식적으로 교회에 앉아 있는 그리스도인의 이미지로 재생되어 왔다. 말하자면 최후의 심판 날에 나팔 소리와 함께 모종의 움직임이 일어난 후 다시 정적인 영원 속으로 이어지는 이미지가, 끝없는 착석과 기립과 무릎 꿇기로 점철되는 끝없는 예배 의식과 끝없는 악기 연주로 대체됐다는 것이다. 그러나 이런 정적인 이미지는 길 위에서 마주치는 그리스도와는 어울리지 않는다. 길 위에 있을 때만 그리스도의 두 본성, 즉 인성과 신성에 대한 고전적인 신조가 다시금 생생하게 살아난다. 우리는 길에서 일반적인 인간 혹은 일반적인 신이 아니라 특정한 인간과 특정한 하나님을 만나게 되기 때문이다.[11]

여기에서 여행에 나서지 않고 가만히 앉아 있는 정적인 기독교에 문제를 제기할 필요가 있다. 이런 기독교는 움직임과 행동이 없을 뿐 아니라 시대를 지배하는 현 체제 질서에 꼼짝없이 묶여 있을 수밖에 없다. 주후 451년 칼케돈의 신학자들은 인간인 동시에 신인 그리스도의 양성을 주장함으로써 인간과 신에 대한 당시의 지배적인 이미지를 확증했다. 만일 그들이 예수의 삶과 사역에 대한 길 위의 이야기를 상기했다면, 예수가 길 위에서 인간/신이라는 새로운 이미지를 구현했음을 알았다면 달랐을 것이다. 마찬가지로 세계의 최정상 보좌에 앉아 있는 하나님, 즉 최초의 부동의 동자로서 하나님(아리스토텔레스)이란 이미지 역시 당대를 지배하던 권력자의 이미지이다. 권력자는 아무것에 의해서도 움직이지 않고 영향을 받지 않아야만 진정 전능한 존재로 선포될 수 있기 때문이다. 그러나 길 위에서 일어난 예수의 삶과 사역은 이런 권력과 다르다. 히브리 성경에 나오는 하나님, 곧 길에서 움직이는 하나님 역시 그런 권력자의 이미지에 어울리지 않는다.

신약 성경에 나오는 예수의 사역은 거의 전부 길 위에서 일어난다. 예수는 갈릴리 출신으로 알려졌지만 영구적인 정착지는 없었다. "여우도 굴이 있고 공중의 새도 집이 있으되 인자는 머리 둘 곳이 없도다"(눅 9:58). 예수가 태어날 때도 머리 둘 곳이 없어서 길에서 출생했다. 마리아는 "첫아들을 강보로 싸서 구유에 뉘었으니 이는 여관에 있을 곳이 없음이러라"(눅 2:7). 예수의 어린 시절에 있었던 여행 중에는 이집트로 이주해 정치 피난민으로 살았던 충격적인 경험도 포함되어 있다(마 2:13-15). 이런 여행들은 모두 로마제국에 의해 강요된 것이었다. 베들레헴 여행은 세금을 거둘 목적으로 인구조사를 강요한 정책에 따른 것이었고, 이집트 여행은 예수 같은 가난한 아이가 자기 권력을 상대로 일으킬지 모를 극히 미미한 도전조차 제거하기 위해 두 살 이하의 아이들을 모두 살해한 로마 황제의 가신 헤롯 때문이었다. 신성한 부름을 받았다고 자부한 로마제국의 변두리에서 뿐만 아니라 그 제국에 반하는 행동에서도 하나님이 일하시는 것을 보는 동안, 불편을 감수해야 하는 길 위의 여행으로 우리의 시야는 넓어진다. 아울러 이런 상황과 관련해 신학적 의문들이 생긴다. 그리스도는 왜 다른 사람의 양을 치는 일용직 목동과 짐승이 있는 길에서 태어난 것일까? 어째서 하나님은 그 땅의 합법적 통치자인 헤롯 대신에 이집트로 가는 피난민 가족의 편에 서신 것일까?

이런 의문은 예수가 길에서 벌이는 사역을 목격하며 더욱 심화된다. 물론 방관자들만 질문을 던지는 것은 아니다. 길에서 예수와 동행하던 사람들조차 어리둥절 혼란에 빠졌다. 제자들은 상당

기간 예수와 함께 여행한 뒤에도 여전히 잘 깨닫지 못했다. 하나님과 세계와 권력에 대한 정적인 견해가 얼마나 깊이 뿌리박혀 있는지 알 수 있는 대목이다. 마가복음에 나오는 시몬 베드로란 인물이 가장 전형적인 예이다. 예수가 "인자가 많은 고난을 받고 장로들과 대제사장들과 서기관들에게 버린 바 되어 죽임을 당하고 사흘 만에 살아나야 할 것을 비로소 그들에게 가르쳤을 때"(막 8:31-32) 베드로는 그를 붙들고 항의했다. 예수가 어느 산 위에서 변형된 채 엘리야와 모세와 함께 대화할 때, 베드로는 바로 거기서 여정을 끝내고 초막을 짓고 싶어 했다. 하지만 여정은 계속된다(막 9:2-8). 마지막에 베드로가 예수를 부인한 사건은 가장 잘 알려진 사복음서 일화 중 하나이다(막 14:66-72).

어느 날 갈릴리 바닷가의 상업 중심지 가버나움으로 가는 길목에서 제자들은 누가 가장 큰 사람인지를 놓고 논쟁을 벌인다. 이에 대한 예수의 반응은 이미 잘 알려졌듯이 지배적인 자본주의 논리에 정면으로 배치되는 것이었다. "누구든지 첫째가 되고자 하면 뭇 사람의 끝이 되며 뭇 사람을 섬기는 자가 되어야 하리라"(막 9:35). 그 직후에 이어지는 이야기가 이 점을 더욱 분명히 한다. 예수가 어린아이를 데려다가 제자들에게 "누구든지 내 이름으로 이런 어린아이 하나를 영접하면 곧 나를 영접함이요, 누구든지 나를 영접하면 나를 영접함이 아니요 나를 보내신 이를 영접함이니라"(막 9:36-37)고 말씀하는 대목이다. 이런 길 위의 교훈들은 제자들을 놀라게 했다. 어쨌든 어린아이들은 아직 완전한 인간으로 간주하지도 않고 종종 가련한 처지에 있는 '이 지극히 작은 자들'에 속한 시대에 그런 말씀을 들었으니 놀랄 수밖에 없었다.

이런 이야기에 나오는 길 위의 교훈은 현 체제에 맞설 만한 강력한 대안이다. 하나님은 소위 상식적인 신학이 생각한 것과는 다른 분이고, 이 세계 또한 전혀 다른 곳이다. "다른 세상이 가능하다"는 것이 예수가 길에서 주는 교훈인 듯하다. 아울러 다른 신학도 가능하다. 이 점이 고통스러울 만큼 뚜렷하게 드러난 때가 예수의 가족이 그를 찾으러 왔을 때다. 현 체제는 가족의 유대관계를 가장 끈끈하고 궁극적인 것으로 간주하지만, 예수는 다른 견해를 갖고 있었다. 예수는 여행의 동반자들을 쳐다보며 "내 어머니와 형제들이 여기, 바로 너희 앞에 있다. 순종이 피보다 진하다. 하나님의 뜻에 순종하는 사람이 내 형제요 자매요 어머니다"(막 3:33-35, 메시지)라고 말씀하신다. 이런 가족의 정의가 자동으로 원가족을 배제하지는 않지만, 시야를 넓히면 가족과 세계를 보는 우리의 방식도 완전히 바뀌게 된다. 예수가 말하는 이런 새로운 관점을 얻으려면 가정과 가족과 친구들을 떠나 길거리에서 예수를 좇아봐야 한다.

예수와 함께 여행한다는 것은 가정이란 정적인 장소를 떠나 현체제에 도전하는 것을 뜻한다. 예수의 여행에 합류하기 전에 자기 아버지를 장사하고 싶어 하는 사람에게 예수는 "죽은 자들로 자기의 죽은 자들을 장사하게 하고 너는 가서 하나님의 나라를 전파하라"고 말씀한다. 그리고 자기 친족에게 작별 인사를 나누고 싶어 하는 사람에게는 "손에 쟁기를 잡고 뒤를 돌아보는 자는 하나님의 나라에 합당하지 아니하니라"(눅 9:59-62)고 말씀한다. 여행에 나서려는 우리를 말리는 것은 가정과 같은 정적인 장소가 아니던가? 예수의 초기 사역 당시에도 가족들은 예수가 도에 지나치다고 생각한 나머지 집에 돌아온 그를 억제시키려고 노력했다. 예수의 가족은 "그가 미쳤다"고 말한 사람들과 의견을 같이했음이

예수와 함께 여행한다는 것은 가정이란 정적인 장소를 떠나 현 체제에 도전하는 것을 뜻한다.

틀림없다(막 3:20-21, 이 진술은 고대인의 귀에도 너무 무례하게 들렸기 때문에 오직 마가복음만 기록하고 있다). 신학자와 해석학자들은 이런 진술을 완곡하게 바꿀 수 있겠지만, 이런 진술을 원형 그대로 들어야만 반대가 어느 정도로 심했는지 실감할 수 있을 것이다.

예수와 함께 여행한 이들은 대개 노동자 계층이었고, 이들에게 여행은 상당한 부담이 되었다. 베드로는 "보소서, 우리가 모든 것을 버리고 주를 따랐나이다"라고 대놓고 말한다. 이 말을 들은 예수는 자기와 여행하기 위해 집과 가족을 떠난 이들은 영생은 물론이고 "집과 형제와 자매와 어머니와 자식과 전토를 백 배나 받을 것"이라고 하면서, 여전히 도전을 주는 유명한 교훈, "먼저 된 자로서 나중 되고 나중 된 자로서 먼저 될 자가 많으니라"(막 10:28-

31)는 말로 마무리한다. 길 위에서 조직된 새로운 공동체는 길 위의 반체제적인 생활방식에 따른 고통을 감수해야 하지만 나름의 보상을 받게 된다는 말이다. 예수와 동행한 사람 중에는 열두 제자들 말고도 그의 사역을 후원했던 부유한 여성들도 포함되어 있었다. 이 그룹에는 헤롯의 한 관리의 아내도 끼어 있었다(눅 8:2-3). 어쩌면 이것이, 낙타가 바늘귀를 통과하는 여행이 사람으로는 불가능하지만 하나님의 도움을 받으면 가능하다는 것을 보여주는 징표일지도 모른다(막 10:23-27).

여행의 교훈은 때때로 나중에 집으로 돌아온 뒤에야 분명해진다는 것을 보여주는 이야기가 있는데, 바로 누가복음에만 유일하게 나오는 엠마오 이야기다. 부활한 그리스도와 예루살렘에서 가까운 마을로 함께 걸어가던 두 제자는 거기에 도착해서 그분을 집으로 초대한 뒤에야 그분을 알아본다. 시간이 지나고 나서야 그들의 눈이 열린 것이다. "길에서 우리에게 말씀하시고 우리에게 성경을 풀어주실 때에 우리 속에서 마음이 뜨겁지 아니하더냐"(눅 24:32). 어떤 여행이든 중요한 것은 집으로 돌아온 뒤에 새로운 관점으로 사물을 보기 시작하는 것이다. 이때 던질 신학적 질문은 다음과 같다. 부활한 그리스도는 우리 시대에 길을 가는 모든 사람과 함께 어떻게 여행하고 있는가? 이 사실에 비추어 우리는 어떻게 집에서 새로운 관점으로 사물을 볼 것인가?

아프리카계 성경학자 무사 두베와 시애틀 출신 성경학자 제프리 스탈리는 요한복음을 해석하면서 이렇게 말한다. "성경 이야기는 여행담이라서 때때로 독자들도 여행을 떠나도록 부추긴다. 따라서 어느 역사적 시기(고대)로만 이 특권을 한정하는 것은 이념적으로 의심스럽다."[12] 예수와 동료 여행자들의 여행은 아직 끝나지 않았다. 따라서 오늘날 이런 이야기들에서 의미를 찾으려는 자들도 역시 여행을 하면서 자신들이 거하는 장소에 주의를 기울일 필요가 있다. "우리가 참여하기로 한 여행이나 독서, 우리가 거주하기로 선택한 장소는 우리 세계와 이웃의 세계에 영향을 주기 마련이다."[13] 여행은 우리의 눈을 열어 이 세계의 긴장을 보게 하고 우리에게 한 편을 선택하게 한다. 두베와 스탈리는 요한복음을 주석하면서 "요한의 내러티브는 다양한 당파들 사이에 일어나는 권력투쟁의 장으로 보는 것이 최선이다. 그리고 우리는 독자로서 이 투쟁에서 중립을 지킬 수 없다"[14]고 결론짓는다. 물론 모든 여행이 다 당파적인 것은 아니다. 하나님이 이주민과 피난민과 망명자들을 위해 일하셨기 때문에 그들보다 적은 압력을 받으며 여행하는 사람은 어느 편인지 선택할 필요가 있다. 계속 특권층과 함께 여행하며 과도한 신경을 쓰지 않기 위한 대가를 지급할 것인가, 아니면 일반 대중과 계속 접촉할 목적으로 여행할 것인가? 여기서 헤르조그가 말한 '그리스도의 실천Christo-praxis' 개념이 도움이 된다. 예수는 지금 무슨 일을 하고 계신가?[15] 그리스도가 길에서 여행하는 모습을 오늘날 어디에서 볼 수 있으며, 그런 모습은 우리의 여행에 어떤 영향을 주는가?

여행을 통해 예수는 당시 종교 지도자들이 거의 접촉하지 않았던 여성을 비롯한 일반 대중을 만났다. 요한복음의 일화에 따르면, 예수는 유대에서 갈릴리로 가는 여행길에 사마리아를 통과하다가 한 여성과 마주친다. 예수가 외국 여성과 얘기하는 모습을 본 제자들은 염려의 기색이 역력하다(요 4:27). 결국 여인은 동네 사람들에게 좋은 소식을 전하는 전도자가 된다(요 4:1-42). 수로보니게 출신의 또 다른 이방 여성도 다른 제자는 이룰 수 없었던 일을 성취한다. 외국인에 대한 예수의 마음을 바꾼 것이다. 스스로 이스라엘에만 보냄을 받았다고 고집한 예수는 이 여성에게 설득되어 그 딸을 고쳐주기에 이른다(막 7:24-30). 놀랍게도 시야가 넓어지는 일이 인간뿐 아니라 하나님에게도 일어난 것이다. 예수가 사마리아와 두로 지방을 두루 여행하지 않았다면 이런 일은 절대로 일어나지 않았을 것이다. 즉 여행이야말로 그리스도의 사명이 진화하는 데 초석을 제공한 셈이다.

당시만 해도 예수를 만나려면 길거리로 나가야 했다. 예배당에 가만히 앉아 있는 것으로는 그분이 누군지 제대로 파악할 수 없었다. 예수가 회당에서 쫓겨난 것은 결코 놀랄 일이 아니다(눅 4:16-30). 사도 바울은 예수님보다 훨씬 넓은 지역을 돌아다니며 로마 제국 곳곳에 교회를 개척하며 직접 회당에서 쫓겨나는 경험을 했기에 예수의 처지를 충분히 공감했을 것이다. 바울의 여행은 관광객도 아니고 사업가의 출장도 아니었다. 바울은 엄청난 압박과 긴장이 팽배한 여행을 했는데, 그것은 다음과 같이 묘사된다. "세 번 파선하고 일 주야를 깊은 바다에서 지냈으며 여러 번 여행하면서 강의 위험과 강도의 위험과 동족의 위험과 이방인의 위험과 시내의 위험과 광야의 위험과 바다의 위험과 거짓 형제 중의 위험을 당하고 또 수고하며 애쓰고 여러 번 자지 못하고 주리며 목마르고 여러 번 굶고 춥고 헐벗었노라"(고후 11:25-27). 물론 이런 고생은 우발적으로 일어난 것만은 아니다. 도전거리를 들고 가는 여행자는 스스로 도전을 받는 위치에 설 것이다.

바울의 경험은 분명히 로마제국의 영토 안에서 일어난 일이고, 그것은 그 길을 여행하는 자들을 상대로 한 도전이었다. 제국의 길을 여행하는 사람들은 제국의 규칙에 순종하게끔 되어 있다. 바울이 여행하다가 중간에 여러 곳에서 로마 감옥을 드나든 것은 단순한 오해 때문만은 아니다. 바울이 길에서 선포한 복음이 분명 그런 고생과 관련이 있었을 것이다. 바울처럼 "유대인에게는 거리끼는 것이요 이방인에게는 미련한 것"을 전파하고 "하나님의 어리석음이 사람보다 지혜롭고 하나님의 약하심이 사람보다 강하니라"(고전 1:23, 25)고 외치는 사람을 로마제국이 어떻게 그냥 내버려두겠는가? "이 세상에서 없어질 통치자들"(고전 2:6)을 비판하는 사람이 그 통치자들이 건설한 길을 여행할 때 무슨 일을 만나겠는가? 바울의 하나님은 그와 함께 길을 걸어주셨지만 그 체제에 굴복하지 않으셨다. 어쨌든 이 하나님은 "세상의 천한 것들과 멸시 받는 것들과 없는 것들을 택하사 있는 것들을 폐하는"(고전 1:28) 분이 아닌가? 로마제국의 법이나 도로처럼 우리를 제한하는 것들에 대항해 싸울 때 자유를 얻는 길은 위험을 피하는 것이 아니다. 그리스도와 함께 걸으며 그들에 저항할 때 비로소 자유를 획득하게 된다. "그리스도께서 우리를 자유롭게 하려고 자유를 주셨으니 그러므로 굳건하게 서서 다시는 종의 멍에를 메지 말라"(갈 5:1).

여행 이야기들로 가득 찬 사도행전이 그리스도인들을 '그 도'를 따르는 사람들이라고 부르는 데는 그만한 이유가 있다(행 9:2, 19:9, 23, 22:4, 24:14, 22). 초기

> 우리를 제한하는 것들에 대항해 싸울 때 자유를 얻는 길은 위험을 피하는 것이 아니다. 그리스도와 함께 걸으며 그들에 저항할 때 비로소 자유를 획득하게 된다.

교회의 기본적인 신학적 통찰은 길에서 발전한 것이다. 베드로와 요한은 예루살렘 성전 문 앞에 엎드려 있는 한 거지와 마주치자 그가 걸을 수 있도록 도움을 준다. 그때 베드로는 "은과 금은 내게 없거니와 내게 있는 이것을 네게 주노니 나사렛 예수 그리스도의 이름으로 일어나 걸으라"(행 3:6)고 한다. 이 이야기는 장애에 관한 얘기가 아니라 복음의 능력에 관한 얘기, 즉 어떤 식으로든 그리스도의 발걸음에 합류하도록 사람들을 동원하는 이야기라고 할 수 있다. 그리스도는 이미 사람들에게 "일어나 걸으라"(마 9:5)고 격려했던 인물이었다. 위기에 대처하거나, 억압하는 것에 대항해 일어서거나, 지체하지 말고 벌떡 일어나거나, 그리스도와 함께 일

어서라는 의미가 "일어나 걸으라"는 격려 속에 내포되어 있다. 프레드릭 헤르조그의 가족이 그의 묘비에 이 문구를 새기기로 한 데는 그럴 만한 이유가 있다. 그리스도인들은 그리스도의 도를 좇는 사람들로서 인생을 바꾸는 여정에 합류한 것이다. 사울이 다메섹으로 가는 길에서 예수를 만났듯이(행 9:1-19) 이런 여정을 떠날 때 하나님과 마주칠 수 있기 때문이다. 그 결과 우리의 인생이 바뀌고 세상도 전과 같지 않을 것이다.

여행하는 하나님, 신앙의 여정

히브리 성경과 신약 성경 모두에서 하나님은 여행하신다. 하지만 유대교와 기독교 신앙을 자기 식대로 채색하려는 제국의 하향식 권력 체계와 현상 유지 종교를 고수하려는 자들은 여행하는 하나님을 결코 이해하지 못한다. 예컨대, 로마인들이 로마의 규칙에 순응하지 않으려는 초기 그리스도인을 '무신론자'라고 부른 데는 그만한 이유가 있었다. 꼼짝도 하지 않고 완전한 상태로 우주 꼭대기에 있는 하나님을 성전에 모시려는 사람들에게 길 위에 있는 하나님은 잘 어울리지 않는다. 고대 기독교는 제국의 기대에 부응할 때 비로소 자리를 잡을 수 있었다. 예수가 곧 하나님의 아들이라는 주장도 로마인에게 도무지 극복할 수 없는 철학적 과제를 제기하지는 않았다. 로마 제국이 해결할 수 없었던 문제는 평민들과 함께 여행하며 지배 권력이 제정한 규칙에 순종하지 않는 그 예수가, 유대인이든 로마인이든 상관없이 하나님의 아들로 선포되었다는 것과 관련이 있었다.

여행이 그리스도인의 삶에 제기하는 신학적 도전은 히브리서에 요약되어 있다. "사실, 우리에게는 이 땅 위에 영원한 도시가 없고, 우리는 장차 올 도시를 찾고 있습니다"(히 13:14, 새번역). 여행은 기독교 신앙에 대한 은유 이상의 것이다. 유대-기독교 전통의 중심에는 이 장소에서 저 장소로 이동해 가는 활동이 있다. 여기에는 우리가 본향으로 느끼는 장소에 대한 비판이 함축되어 있다. 지금 이곳에는 우리에게 영구적인 집을 제공할 만한 장소가 존재하지 않는다. 집이란 권위자들이 가장 성공적으로 또 절대적으로 통제권을 행사하는 장소이기 때문이다. 바로 이런 이유로 그리스도인들은 계속 움직여야 한다. 또 같은 이유로 길 위에서 만난 타인을 환영해야 한다. "나그네를 대접하기를 소홀히 하지 마십시오"(히 13:2, 새번역). 히브리서의 이 말씀은 우리의 인생이 길 위에서 영위되는 것임을 상기시키는 문맥에서 나온다. 여기서 '내가 나그네 되었을 때 너희가 나를 영접하였다'(마 25:35)는 예수의 목소리가 들리는 것은 과연 우연한 일치일까?

유대교와 이슬람과 기독교 모두에게 성지로 통하는 예루살렘도 이런 움직임과 여행의 관점에서 가장 잘 이해할 수 있다. 계시록의 저자는 예루살렘 도시가 "하나님께로부터 하늘에서 내려오는"(계 21:10) 광경을 본다. 새 예루살렘은 우리가 여행으로 인도되는 곳, 즉 하나님의 완전한 현존으로 인해 더 이상 성전이 필요 없는 곳이다. 새 예루살렘의 성문은 늘 열려 있어서 사람들이 언제든지 자유로이 드나들 수 있다(계 21:22-27). 이주는 더 이상 범죄 행위가 아닐 것이고, 여행에도 아무런 제약이 없을 것이다.

이처럼 여행에 대한 신학적 성찰은 신학의 본질을 더 깊이 이해하게 해준다. 길에서 신학을 하는 사람은 누구나 그것이 상황적 특성이 있고 결코 중립적이지 않다는 것을 알고 있다. 다시 말해 여행을 거부하는 신학만이 중립성이 존재한다는 환상을 옹호하면서 추상적이고 보편적인 용어로 하나님을 논할 수 있다. 이런 중립성, 추상성, 보편화 등으로 이득을 보는 것은 현 체제이다. 현 체제는 모든 것이 정적인 상태를 유지할 때 유리해지기 때문이다. 현 체제가 좌우명으로 삼는 것은 바로 이것이다. "사물은 변하면 변할수록 더욱 변함이 없다."

길 위의 신학이 중시하는 질문은 추상적이거나 보편적이지 않고 구체적이다. 하나님은 어디서 발견할 수 있는가? 하나님은 어디에서 움직이고 계신가? 우리가 하나님의 여행지를 관찰하기 시작하면 "나를 따르라"는 옛 초대의 말씀을 다시 들을 수 있을지 모른다. 이것은 다음 두 가지 질문의 차이점이다. "하나님은 우리

> 우리가 하나님의 여행지를 관찰하기 시작하면 "나를 따르라"는 옛 초대의 말씀을 다시 들을 수 있을지 모른다.

편인가?" 아니면 "우리는 하나님 편인가?" 현상유지를 옹호하는 신학자들은 보통 전자에 긍정적으로 답변한다. 이에 반해 후자는 훨씬 더 흥미로운 질문이지만 모두가 그렇다고 답변할 수 없다. 그것은 끊임없는 움직임과 항해가 필요한 곳에서 하나님과 함께 여행하도록 우리를 초대한다. 하나님이 우리 편인지 묻는 말에는 그 자리에 그대로 있어도 된다. 하나님이 그들과 함께 편안히 거하신다고 상상하며 건물 속에 하나님을 위한 방을 마련해주면 그만이다. 여행이라도 떠날 때는 하나님을 데리고 다녀야 한다고 생각한다. 이것은 종교 여행에 치명적인 결과를 초래한다.

움직이지 않고 가만히 있는 사람들과 달리 여행자들 사이에는 이상한 인연의 끈이 존재한다. 헤르조그는 이렇게 말한다. "[미국] 남부를 걷다 보면 여기서 정의를 위해 걷는 사람들은 근처 예배당에 앉아 있는 형제나 자매들보다 다른 나라 다른 지역의 보행자들과 더 가깝다는 생각이 들곤 한다."[16] 에큐메니컬 운동과 종교 상호 간의 대화는 다 함께 여행할 때 완전히 다른 역동성을 덧입게 된다. 서로 다른 추상적이고 정적인 신학 사상을 비교하며 탁상공론을 벌이는 대신, 다 함께 여행하면서 하나님과 신학적 형상에 대한 실제 경험을 서로 나누고 비교하는 등 신학적 교류가 가능해진다는 것이다. 길 위의 신학은 이론이 실천에서 나오지 그 반대일 수 없음을 알려준다.

이주민, 피난민, 순례자, 관광객으로 점점 더 많은 사람이 여행에 나서는 세상에서 우리는 잃어버린 우리 전통의 지혜를 되찾을 준비가 되어 있다. 특히 이주민의 경험은 유대-기독교 전통 속 여행의 실존적 성격에 대한 신학적 이해에 깊이를 더해줄 수 있다. 여기서 변하는 것은 신학에 국한되지 않는다. 다른 학문 분야들 역시 변하게 된다. 인류학자 스티븐 베르토벡은 이렇게 지적한 바 있다. "오랫동안 많은 인류학자가 이주에 관심이 없었던 것은 [여러 면에서 이주가 상징하는] 모험의 과정보다 현 사회를 지탱하는 사회적, 문화적 질서의 패턴에 우선적인 관심을 두고 있었기 때문이다."[17] 따라서 사회적, 문화적 질서에 대한 강박증에서 벗어나는 일이 필수이다. 그렇게 되면 오늘날 기독교와 교회에 어떤 영향을 미칠지 참으로 궁금하다. 인류학자 제임스 클리포드는 현재 수정 중인 한 관행에 대해 이렇게 말한다. "이론은 언제나 어느 '입장'에서 쓰인다. 그리고 '입장'은 하나의 장소라기보다 여정에 가깝다. 여정이란 거주와 이민, 망명과 이주의 역사 등 서로 다른 구체적인 역사를 통칭하는 말이다."[18] 여정의 견지에서 생각하기 시작하면 세계를 보는 새로운 관점이 생길 수 있다.

3

길
위의
도전

_순례자와 방랑자

순례와 방랑과 관광은 각기 독특한 역사를 가진 다양한 여행의 방식이지만 현대에 들어서는 서로 공유하는 측면도 적지 않다. 특히 순례와 방랑의 경우는 신학적 관점에서 탐구할 만한 가치가 있다. 먼저 순례에 대해 살펴보고 방랑과 비교해보자.

순례의 길

종교사회학자 루이지 토마시는 순례를 신을 향한 종교적 탐구로 정의를 내린다. "종교적 목적으로 착수한 여행으로서 초자연적 존재가 현현했다고 간주하는 장소, 신의 도움을 받기가 더 쉬운 장소를 방문하는 것으로 절정에 이른다."[1] 순례와 관광의 뚜렷한 구별을 없애려는 의도로 진정성과 자기 갱신을 추구하는 관광

여행도 신성한 것을 추구하기 때문에 순례의 하나로 이해해야 한다는 주장도 있다.[2] 요즘에는 순례의 개념을 확대하려는 목적으로 엘비스 프레슬리의 고향인 그레이스랜드 같은 곳을 방문하는 것도 순례에 포함시켜야 한다는 주장까지 제기되었다. 순례의 역사를 살펴보면 순례의 뜻이 계속 축소되어 관광의 개념으로 흡수되고 있음에도 불구하고 여전히 하나의 관심사로 남아 있는 이유를 알 수 있을 것이다.

순례는 7세기 서방 기독교 세계에 기원을 둔 신앙적 순회여행이다. 순회여행은 12-13세기에 절정에 달했다. 당시만 해도 순례 길은 "영원한 삶을 위한 큰 투자"로 간주하였다.[3] 순례 길을 하나의 투자로 묘사하는 것, 즉 경제적인 용어를 사용하는 것은 종교와 정치와 경제가 오늘처럼 따로 분리되지 않았던 시대에는 얼마든지 타당하다. 모든 것이 이 여행에 걸려 있었다. 순례는 순례자 자신의 생활환경뿐 아니라 그들 공동체의 종교, 정치, 경제 상황에도 영향을 주었기 때문에 종교와 정치와 경제 등 모든 영역과 밀접한 관련이 있었다는 뜻이다.

여행자 개개인의 차원에서 보면 순례는 상당히 위험한 여행이다. 많은 것을 포기해야 했고, 길을 가다가 잃는 것도 많았으며, 집에 돌아오지 못할 확률도 높았다. 모든 일이 여행자의 계획대로 진행되었다 해도 그에 따른 정치적, 사회적 결과는 피할 수 없었다. 즉 순례에 나선 순례자는 자신이 속한 공동체나 사회 구조 바

끝에 놓이기 때문에 '법적인 사망'과 비슷하게 간주하였다. 중세 법에 따르면, 순례자가 일 년 동안 아무 소식이 없으면 육체적으로 죽은 것으로 선언되었다.

중세만 해도 육체의 죽음이 늘 순례자를 위협하긴 했지만, 순례 자들의 큰 관심사는 오히려 영적인 죽음이었다. 오늘날에는 이것이 한 세계(물리적 세계)를 다른 세계(천상의 세계)와 바꾸는 것으로 들릴지 모르지만, 순례자들이 육체적 죽음을 불사하고 정치, 경제적 현 체 체제에 따름으로써 얻을 수 있는 안전을 의도적으로 포기했다는 사실에 주목해야 한다. 이런 행위는 물리적 세계를 상관치 않았다는 뜻으로, 물리적 세계의 현 체제에 영향을 끼칠 수밖에 없다. 즉 순례자는 인생을 현 체제가 제공하고 약속할 수 있는 것 이상의 것으로 이해했음이 분명하다. 다시 말해 순례자들은 현재의 물리적 세계를 포기함으로써 천상의 세계뿐 아니라 또 다른 물리적 세계까지 바라보는 비전을 품을 수 있었을 것이다.

중세 말에 이르러 순례는 중요한 변화를 겪는다. 개인의 자유를 중시하고 막 싹 트기 시작한 자본주의의 경제 발전이 그 자유를 뒷받침해줌에 따라 순례는 개인의 자유와 독립성의 증거로도 간주된 것이다. 17-18세기에 이르면 순례는 교육받은 엘리트층이 관심 있는 미술품을 비롯한 문화 예술을 감상할 목적으로 떠나는 여행의 형태를 띤다. 19-20세기에 들어서는 관광산업의 발전이 순례의 개념을 더 바꿔놓아, 관광과 순례와 방랑이 좀 더 결합하여 폭넓은 사람들에게 제공되기에 이르렀다. 그나마 조금 남아 있던 즐기기 위한 여행과 신앙적 여행 사이의 차이점도 거의 사라지고 말았다. 오늘날 순례 여행은 대규모 관광산업으로 이뤄지는데, 어떤 사람들은 이런 순례의 목적도 옛날의 순례 목적과 별반 다르지 않다고 주장하기도 한다. 한마디로 신성한 것을 추구한다는 점에서 같은 여행이란 주장이다.

세월이 흐르면서 순례의 형태만 변한 게 아니라 신성한 것에 대한 정의와 사람들이 그것을 이해하는 방식도 변했다. 과거에 순례자가 신성한 것을 추구한다는 것은 하나의 도전을 의미했고 죄의 회개나 역경과 위험에 의도적으로 뛰어드는 일을 나타냈지만, 지금은 순례자의 개인적인 성장이나 자기실현을 내세우는 경향이 있다. 과거에 신성한 것을 추구하는 것은 신성한 존재에 가장 잘 순종하는 길을 찾는 여정이었지만, 지금은 현 상황을 변화시키기보다는 긍정(혹은 개선)하기 위한 순응적인 관점으로 추진되고 있다. 무엇보다 여행의 역경이나 위험이 현대식 여행 수단의 발달로 인해 많이 줄어들어 대다수 순례자들은 뭔가를 포기할 필요가 없어졌다. 중요한 것은 도착과 출발뿐이다. 토마시는 250만 명의 젊은이가 모인 2000년 8월 20일 로마 세계청년대회에 대해 이렇게 묘사한다. "과거 순례자의 특징이자 참회의 상징이었던, 베개로 쓸 수 있는 돌이 현대의 최고 상징인 휴대전화에 자리를 내주었다."[4]

역사적으로 순례의 특징은 신성한 것과의 만남에서 오는 도전이었는데 지금은 그런 도전이 사라져버린 데다가, 일부 현대 종교에서는 신성한 것을 사유화하려는 현상까지 일어나고 있다. 고대의 순례자들은 신성한 것의 차별성을 인정하고 자신의 관심사를 신성한 존재의 관심사에 맞추려고 애썼지만, 현대의 순례자들은 신성한 존재의 인정을 받고 신성한 존재의 관심사와 자신의 관심사를 통합시키는 방법에 관심이 있다. 이것은 하나님이 우리 편인지 묻는 것(근대 정치·경제 구조로부터 혜택을 받은 이들의 전형적인 탐구)과 우리가 하나님 편인지 묻는 것(현 상황이 바람직하지 않다는 것을 아는 사람들의 다양한 해방신학과 포스트식민주의 신학의 탐구) 사이의 차이점과 비슷하다.

이런 풍토에서 전통적인 순례의 도전적 측면을 되찾으려는 것은 분명 유익한 일이다. 그러나 오늘날 여행자에게는 여행보험도 있고 여행의 난관을 대신 부담해주는 산업도 있어서 죽음에 도전하는 중세 순례자들의 태도를 되찾는 일은 절대 쉽지 않다. 그러나 동시에 여행의 난관을 완전히 통제하는 일이 불가능하기 때문에, 부유한 현대인이 자기 시야를 열고 넓히기에 여행만 한 것은 여전히 없다.

순례의 도전을 되찾는 첫 번째 단계는 순례란 것이 오늘날의 순

> 고대의 순례자들은 신성한 것의 차별성을 인정하고 자신의 관심사를 신성한 존재의 관심사에 맞추려고 애썼지만, 현대의 순례자들은 신성한 존재의 인정을 받고 신성한 존재의 관심사와 자신의 관심사를 통합시키는 방법에 관심이 있다.

례자들에게는 제한된 경험일지라도 순례자의 세계가 다른 세계들과 접촉하면 뭔가가 일어날 수 있음을 인식하는 것이다. 인류학자 빅터 터너의 경계성liminality 개념을 떠올리면 도움이 될 텐데, 이는 한 사람이 여러 세계 사이에 놓여 있는 상황을 언급하는 용어이다. 경계선에 있는 것을 뜻하는 경계성은 기존체계에 도전하는 잠재력을 갖고 있는 만큼 새로운 종류의 관계를 위한 공간을 창조할 수 있는데, 심지어 신성한 것을 위해서도 그럴 수 있다.[5] 문학자 월터 미그놀로가 말하는 경계선 사고border thinking의 개념은 이런 경계성의 경험을 다음 수준으로 밀어붙여서 사람들이 다양한 세계에서 서로 충돌하는 상황에 놓일 때 무슨 일이 벌어지는지 탐구한다. 이때 권력의 문제가 특히 중요한데, 경계선의 변두리에 있는 자들이야말로 양쪽 모두를 새로운 시각에서 볼 수 있고 따라서 현 상황에 도전을 던질 수 있는 최상의 입장에 있기 때문이다.[6]

권력구조에서 자신의 위치를 점검하고 변두리로 더 가까이 움직일 의향이 있는 순례자들은 이런 대안적인 관점을 공유할 기회를 얻게 된다. 전통적으로 순례의 장소는 멀리 떨어진 경우가 많으므로 그 가능성은 더욱 높았다. 사람들이 별로 가지 않는 멀리 떨어진 곳을 탐험하는 순례자들은 혼성hybrid의 측면을 접할 가능성이 많았다. 혼성이란 한 사람의 삶에서 지배적인 측면과 억압되는 측면을 결합하는 융합된 정체성을 가리키는데, 이는 지배체제로부터 압박을 받은 경험이 있는 식민지 백성의 전형적인 모습이다.[7] 이런 경험은 특권층에 속한 인물들을 살펴보고 도전하고 흔드는 데 도움이 될 뿐 아니라 현 체제와 거리를 유지하는 타인들은 물론, 궁극적으로 신적 타자[하나님]와 새롭게 만나도록 해주기도 한다.

그리스도인들은 현 체제에 동화될 수 없음을 깨달을 때 종종 순례의 이미지를 떠올리곤 했다. 다음 찬송은 히틀러 치하의 독일에서 문화는 물론 국가 교회까지 좌우했던 파시스트 정권에 동조하기를 거부했던 그리스도인들이 작사한 것이다.

우리는 이 땅의 손님일 뿐, 수많은 역경 견디며 끊임없이 영원한 본향 향해 방랑하는 방랑자.
우리의 길은 버림받은 길, 우린 종종 홀로 이 길을 걷네. 이 회색의 골짜기에서 우리와 동행하려는 자 찾을 수 없네.
우리와 함께 걷는 유일한 분은 사랑하는 그리스도. 모두가 우리를 버려도 그분은 우리 곁에서 걷는 분.
이 세상에서 나오는 길 많이 있으니, 우리 부모 계신 본향 집 이르는 길 우리 모두 잃지 말기를.
마침내 우리가 지쳤을 때, 아 하나님이여 당신의 은혜로 우리에게 불을 밝히사 본향 가는 길 찾게 하소서.[8]

외로움과 버림받은 사람들의 한탄처럼 들릴지 모르지만 실은 중세 순례자들의 용기를 본받은 이들의 경험을 반영하는 찬양이다. 현재의 종교, 정치, 경제 체제에서 뛰쳐나와 현상유지에 반대하는 태도를 보이고 그 도전에 따른 결과를 감수할 준비가 된 이들의 심정을 담고 있다. 그래서 그런지 어린 시절 우리 아버지나 우리 교회의 노인들은 이 찬양 가사를 기가 막히게 잘 기억하고 있었다.

오늘날 미국의 주류 기독교에는 저항의 경험이 들어설 여지가 없으므로 모든 그리스도인이 이 가사에 공감하기는 어렵다. 목표는 순응이 아닌 도전인데, 보수주의자와 자유주의자 모두 우리 시대의 현상에 동화되는 것을 크게 우려하지 않는다. 미국의 상황에서, 길을 막고 서서 여행을 만류하며 골짜기와 샛길로 여행하도록 강요하는 현 체제에서 길 위에 머물기 위해 나서는 것이 무슨 뜻인지 알려면, 인종이나 계급이나 성으로 인해 소외당하는 이들의 경험을 살펴볼 필요가 있다.

순례가 주는 중요한 도전 중 하나는 가까운 가족과 친구들을 떠날 뿐만 아니라 친숙한 종교 공동체의 인정까지 포기해야 한다는 것이다. 우리는 현 상황에 안주하며 자란 그리스도인들인 만큼, 우리에게 통제권이 없다는 것, 낯익은 장소들이 하나님의 자리를 차지하면 안 된다는 것, 하나님은 우리에게 인생의 몸부림을 반영하는 여행을 떠나라고 말씀하시는 분임을 상기시키는 지표들이

오늘날 미국의 주류 기독교에는 저항의 경험이 들어설 여지가 없다.

필요하다. 여행은 궁극적으로 우리에게 참된 본향을 가리키는데, 이는 예상하지 못했던 가장 의외의 장소에서 발견될 것이다. 즉 예수 그리스도의 삶과 죽음과 부활에서 하나님의 임재가 '길 위의 예수'에게 특별한 방식으로 나타난 것처럼 우리도 예기치 않은 경험을 하게 될 것이다. 그리스도의 임재가 우리 사회의 변두리에 있다는 사실로 도전은 더욱 심화된다. 자기중심적인 기독교에 계속 도전을 가하는 마태복음의 말씀을 생각해보라. "내가 진실로 너희에게 이르노니 너희가 여기 내 형제 중에 지극히 작은 자 하나에게 한 것이 곧 내게 한 것이니라"(마 25:40). 길 위에서 형성된 신약 성경에 이런 관심사가 여러 군데 반영된 것은 결코 놀랄 일이 아니다.

물론 낯익은 장소를 떠나는 것은 단지 해체의 행위만은 아니다. 사회학자 지그문트 바우만에 따르면, 중세의 수행자들에게 "하나님을 향한 순례 길은 일종의 자아구성self-construction의 연습이었다."9 몸담고 있던 가정을 떠나는 사람들은 현 체제의 종교, 정치, 경제 통제권에서 떠나 그와 다른 비전과 새로운 생활방식을 발견하기도 했다. 그런데 교회는 스스로 하나님과 맺는 유일한 연줄이 되고 싶어 한 나머지 순례자 운동에 분개했고, 그래서 수행자들을 묶어 수도회 조직으로 만들어버렸다. 물론 현 체제에 제기하는 도전의 물결이 너무도 강해서 순례자들이 당국자들에게 완전히 통제되는 일은 일어나지 않았다.

오늘날 포스트모던 시대는 과거와 달리 삶의 기반이 전통적 관계에 놓여 있지 않기 때문에 순례야말로 하나의 생활방식이 되었다고 주장하는 이들도 있다. 가족, 공동체, 거주지 등은 더 이상 확정된 토대로 볼 수 없으며, 중산층이 한때 당연시했던 경제적인 안정조차 갈수록 보장이 힘들어지고 있다. 바우만에 따르면, 순례의 최고 전략으로 꼽혔던 "미래를 위한 저축"[10]도 연금계획의 실패로 우리를 실망하게 하며 점점 타당성을 잃어가고 있다. 한 세기 반 전에 이미 카를 마르크스는 시공간에 매달려 있는 듯한 느낌을 나름으로 묘사하면서 바우만이 다루지 않는 근본 원인을 상기시켰다. 그것은 자본주의가 경쟁력을 유지하려면 끊임없이 스스로 변신할 필요가 있다는 것이다. "앞선 시대와 달리 부르주아 시대의 특징은 끊임없는 생산 혁명, 사회적 조건의 부단한 혼란, 영구적인 불확실성과 동요 등이다. 모든 고정되고 동결된 관계들은 오래된 일련의 편견들과 견해들과 함께 다 휩쓸려가고, 새로 형성된 모든 관계는 미처 굳어지기도 전에 낡아버린다." 마르크스가 내린 결론은 이미 잘 알려져 있다. "단단한 것은 모두 녹아 공중으로 증발하고, 거룩한 것은 모두 더렵혀지고, 사람은 마침내 실질적인 삶의 조건과 다른 인간과의 관계를 냉정한 정신으로 직면하지 않을 수 없다."[11] 우리 같은 학자를 포함하여 제트기로 여행하는 사업가들은 단단한 것이 모두 녹아 공중으로 증발한다는 것을 어찌 공감하지 않을 수 있겠는가?

이런 맥락에서, 포스트구조주의가 가르쳐주듯이 의미는 결코 고정된 것이 아니고 관계 속에서 형성되는 것이다. 바우만에 따르면, "순례자와 그가 걷는 광야 같은 세상은, 다 함께 그리고 서로를 통해 그 의미를 획득한다."[12] 하지만 카를 마르크스의 도전에 비교해보면 바우만의 묘사는 너무 일반적이다. 포스트모던 상황에서도 인간관계는 겉으로 보이는 만큼 열려 있지 않다. 자본주의는 구조적으로 한 계급이 다른 계급의 등 위에 그 부와 권력을 쌓기 때문이다. 겉으로 안정되어 보이는 전통의 거품이 녹을 때만 사람들은 '실질적인 삶의 조건'과 '다른 인간과의 관계'를 볼 수 있다. 이런 점에서 '녹아 공중으로 증발하는 것'을 저지하고 계속 대안을 찾으며 '대안적인 미래를 위해 저축하고' 자본주의 경제가 투영한 미래에 도전하는 사람은 바로 순례자들이다.

방랑의 길

바우만이 순례로 묘사하는 많은 경우, 즉 정처 없이 돌아다니는 것은 사실 방랑vagabonds에 가깝다. 그는 방랑을 소속된 것 없이 자유로이 움직이는 것이라고 했다. 근대 사회가 방랑자들을 멸시한 것은 그들이 이동의 자유를 주장하면서 질서와 통제에 저항했기 때문이다. 방랑자는 순례자보다 더 예측할 수 없는 존재이다.

현대에는 방랑자가 별로 없지만, 포스트모던 시대에는 사람들이 소속감을 느낄 수 있는 곳이 점점 줄어들기 때문에 방랑객이 많은 편이다. 방랑자와 순례자와 이주민과 관광객을 막론하고 여행자가 방문지에 진정 소속할 수 있는 경우는 없다. 하지만 어느 정도 자금이 있는 관광객은 자기가 경험하는 것으로부터 안전한 거리를 유지할 수 있다. "관광 세계에서는 낯선 것이 길들여지고 더 이상 두려움을 주지 않는다. 충격은 안전하게 포장된 상태로 오기 때문이다."[13] 부유한 관광객들은 자본주의 파도의 꼭대기를 타고 포스트모던 물결에 편승한 이들은 세상이 자기네 욕망을 채워줄 수 있도록 어느 정도 세상을 빚어내기 위해 손을 쓴다. 이와 반대로, 방랑자가 경험하는 충격은 자본의 쿠션으로도 완화되지 않는다. 이주 노동자와 낮은 중산층처럼 약간의 자금만을 소지한 방랑자들은 자금이 든든한 관광객에게 있는 선택권이 있을 수 없다.

현대에는 방랑자가 별로 없지만, 포스트모던 시대에는 사람들이 소속감을 느낄 수 있는 곳이 점점 줄어들기 때문에 방랑객이 많은 편이다.

옛 순례자들이 직관적으로 알아챈 것처럼 신성한 것을 체험하는 일이 도전의 경험과 연결되어 있다. 그렇다면 편안한 단체 관광을 즐길 수 있는 오늘날의 순례자들보다 방랑자들이 그런 경험에 더 가까울지 모른다. 오늘날 순례자들은 종종 자기 긍정과 자아실현을 추구하고 특권을 누리기 위해 돈을 지급할 준비가 되어 있지만, 방랑자들은 신성한 것이 주는 충격을 경험하기에 더 유리한 위치에 서 있다. 비록 그것을 신성한 것으로 부르지는 않더라도 말이다.

순례처럼 방랑도 나름의 역사를 갖고 있다. 유럽의 경우, 방랑자는 생계유지를 위해 한 장소에서 다른 장소로 이동하지 않을 수 없었던 사람들이다. 그들은 버려진 사람들로 간주하였기 때문에 믿을 수 없고, 위험하고, 신도 없는 존재로 여겨졌던 것 같다. 방랑자에는 오늘날로 말하면 이주 노동자와 같은 최하급 노동자들도 포함되었다. 기술을 배우는 예비 기술자들은 자신을 명예롭게 생각하며 방랑자와 다르게 여겼지만, 이 마을에서 저 마을로 여행하며 길에서 견습 생활을 하는 경우가 많았다. 그래서 여행하는 견습생들은 방랑자가 겪는 것과 똑같은 경험을 글로 표현하곤 했다. 여기에는 가정과 사랑하는 이들을 떠나야 하는 것을 한탄하는 내용이 많지만, 또 그로 인한 자유와 독립을 기뻐하는 내용도 있다. 오래된 독일의 전통 노래 가사는 견습생들이 수행한 여러 전복적인 행위를 묘사한 뒤에 스승에게 다음과 같이 말한다. "나는 떳떳이 그와 얼굴을 맞대고 그가 주는 급료와 일을 좋아하지 않는다고 말하지. 나는 내 행운을 시험해보고 앞으로 행진하리라."[14] 물론 그 견습생이 스승이 없는 상태로 영원히 살진 못하겠지만, 한동안이나마 스승이 없는 것은 대단한 경험으로 보인다.

방랑은 20세기 미국 문학의 중요한 특징이 되었는데, 이 새로운 종류의 방랑 경험은 중요한 교훈을 제공한다. 관광은 돈과 지위로 멍청한 안전과 안락을 확보하는 것이라며 이에 싫증이 난 사람들은 방랑으로 눈길을 돌렸다. 방랑자라고 해서 재력이 없는 것은 아니지만, 그들은 돈과 함께 오는 특권을 기꺼이 포기하려 한다. 여기에 우리가 배울 만한 중요한 교훈이 있다. 좀 더 간소한 방법으로 여행할 수 있게 된 사람들은 인생을 좀 더 간소하게, 또 다른 방식으로 살 수 있음을 깨닫게 된다는 것이다.

미국에서 가장 유명한 방랑자는 이미 아이콘으로 자리 잡은 《길 위에서 1, 2》(민음사 역간)란 책을 쓴 잭 케루악(Jack Kerouac, 1922-1969)일 것이다. 하지만 이 '비트 세대' 시인이 들려주는 방랑 이야기는 흔히 생각하듯 게으름뱅이의 이야기가 아니다. 케루악 책의 주인공 샐Sal은 일하기를 좋아하고 사회에 이바지하고자 하는 인물이다. 그러나 샐은 일을 위해 일하는 것은 원치 않는다. 샐은 진정한 일과 소비자가 되려는 일을 서로 구별한다. 문학평론가 존 릴랜드에 따르면, 샐은 "상향성upward mobility이란 사람들에게 무의미한 일을 시키고, 그들을 아메리칸 드림의 패러디로 변질시키는 계획이므로 이를 거부한다."[15] 샐이 일하고 글을 쓰는 계기는 성공의 사다리를 올라가는 아메리칸 드림이 아니라 아래로 내려가는 길이다. 현상의 굴레에서 벗어나 길 위에 있는 방랑이 바로 이런 목표를 달성하는 데 가깝다.

옛날 순례자들처럼 방랑하는 샐은 일부러 사회, 경제, 종교 현상에서 벗어난다. 케루악은 샐의 입을 빌려 이렇게 말한다. "나를 위해주는 유일한 사람들은 온갖 미친 자들, 사는 데 미치고, 얘기하는 데 미치고, 구원받는 데 미치고, 동시에 모든 것을 갖고 싶은 자들, 하품 나오는 상투적인 말을 한 적이 없고, 별들을 가로지르는 거미처럼 폭발적이고 중앙에서 파란 불꽃이 타올라 모두가 야호! 고함을 치는 근사한 노란 양초처럼 활활 타오르고, 타오르고, 또 타오르는 사람들이다"[16] 샐의 여행은 궁극적으로 미친 듯이 생생하게 살아 있는 사람들과 관계가 있다. 샐은 방랑을 통해 미친 사람들과 현 체제를 대변하는 사람들(현상유지에 헌신한 나머지 모든 대안을 잃어버린 사람들) 사이에 선을 긋는다. "아이오와 주의 데븐포트에서 그런 것처럼 차량은 전부 농부들 전용이었고, 이따금 있는 관광용 차량은 한결같이 노인들이 운전하고 그 아내들은 경치를 가리키든가 지도를 주시하며 옆 좌석에서 모든 것을 의심스러운 눈초리로 보고 있는 참으로 설상가상이었다."[17] 방랑자는 관광객이 경험할 수 없는 방식으로 세상을 경험하는데, 이는 신성한 것을 찾아 나서는 여정에도 그대로 적용된다.

미국 문학에서 또 다른 저명한 방랑자는《찰리와 함께한 여행》(궁리 역간)으로 자기 경험을 나눈 존 스타인벡John Steinbeck이다. 스타인벡도 밖으로 나갈 필요성을 느껴서 아내 없이 프렌치 스탠다드 푸들인 찰리와 함께 전 미국을 돌아다니며 여행을 시작한다. 그가 홀로 여행하는 이유는 단순하다. "두 명 이상은 지역의 생태계를 파괴한다. 나는 홀로 가야 했고 자립해야만 했다."[18] 스타인벡은 소형 트럭에 캠핑용 차량을 달고 사람들이 다니는 대로를 피해 주로 샛길로 운전했다. 스타인벡의 홀로 한 여행에는 그만한 보상이 따랐다. 전국에서 수많은 사람을 만나 그들 마음속에 묻어두었던 생각과 감정을 들을 수 있었던 것이다. 방랑의 길은 방랑자 자신이 다른 사람들과 관계를 형성하는 보기 드문 경험을 의미한다. 스타인벡은 유명한 작가였지만 그런 신분에서 한 걸음 물러나 있는 여행이 끝날 때까지 아무도 그를 알아보지 못한다.[19]

여러 달 동안 들판과 숲 속과 농장 등에서 캠핑하면서 미국 전역을 방랑한 뒤에 스타인벡은 이런 결론을 내린다. "우리는 수년 동안 몸부림을 친 뒤에 우리가 여행하는 게 아니라 여행이 우리를 데려간다는 것을 알게 된다. … 이 점을 인식했을 때만 진정한 부랑자는 느긋하게 방랑을 계속할 수 있다. 그럴 때만 욕구불만이 사라진다. 이런 면에서 여행은 결혼과 비슷하다. 당신이 그것을 통제하고 있다고 생각하면 오산이다."[20] 방랑자는 자기 경험에 대한 통제권을 포기한다는 점에서 집에 머무는 사람은 물론 관광객과도 다르다. 그들은 여행을 시작한다기보다 여행의 일부가 되고, 경험하는 모든 일을 통해 스스로 변화된다.

스타인벡은 여행을 통해 거의 모든 미국인이 항상 움직이고 싶은 뜨거운 욕망이 있다는 사실을 발견한다. 이런 욕망은 오늘날에

우리는 수년 동안 몸부림을 친 뒤에 우리가 여행을 하는 게 아니라 여행이 우리를 데려간다는 것을 알게 된다.

도 존재할 것이다. 그러나 사람들은 과거 어느 때보다 더 바쁘게 수지를 맞추느라 고심한 나머지 좋은 시설을 갖춘 곳에서 짧게 여행하는 것으로 만족해한다. 덕분에 유람선이 갈수록 더 인기를 얻는 것 같다. 방랑은 이와 달리 여행의 욕망을 다룬다. 스타인벡은 "동반자 없이 홀로 온갖 길 위에서 트럭으로 15,000~20,000킬로미터를 달리는 것은 참으로 힘든 일"임을 알고 있다. 그러나 그는 이런 여행을 "병든 직업인의 독을 제거하는 해독제"로 본다. 또 그의 경우에는 "인생의 질을 양과 바꿀 생각이 없었다."[21] 이런 직업병, 즉 현 체제가 우리에게 부과하는 모든 것에서 거리를 둘 수 없고 다른 대안들('신성'한 것)을 아예 생각할 수도 없는 무능력이 방랑을 통해 치유될 수 있다면 어떨까? 현 체제는 이 점을 우려하기 때문에 사람들을 더욱더 일에 파묻히게 하려고 하는 것이다.

집으로 돌아오는 스타인벡의 모습은 많은 방랑객이 공감하는 좋은 예다. 스타인벡이 여행에서 돌아와 그가 살았던 동네로 들어오다가 길을 잃고 트럭을 멈춘 것이다. 경찰이 다가오자 스타인벡은 "경찰관, 난 이 트럭을 몰고 산과 평야와 광야 안 가본 데 없이 누비고 다녔소. 이제야 내가 사는 마을로 돌아왔는데 길을 잃고 말았소."[22] 집에서 길을 잃는 것, 낯익은 장소를 다시 살펴야 하는 것이 어쩌면 방랑의 가장 중요한 측면일 것이다.

방랑의 정신은 세계문학전집에 속하지 않는 책들에서 더욱 잘 포착된다. 오토바이 여행자들은 자동차로 여행하는 이들보다 길에서 사람들과 더 가까워진다. 오토바이 여행자가 자동차 여행자보다 부와 특권이 적은 것처럼 보이기 때문인 듯하다. 영국 여성 로이스 프라이스는 일을 그만두고 아메리카 대륙을 남북으로 횡단하며 10개월 동안 작은 오토바이로 여행했는데, 자신의 경험을 이렇게 요약한다. "내가 미처 생각지 않았던 것은 오토바이가 친구를 사귀기에 좋고 낯선 이들의 호기심을 불러일으켜서 관계를 한 단계 더 발전시킨다는 점이다. 덕분에 가장 아쉬울 때 대접을 받거나, 실질적인 도움을 얻거나, 몇 마디라도 격려의 말을 들을 수 있었다."[23]

이 정도로 사람들과 가까워지는 것은 안전과 안락함을 희생하고 악천후와 험한 지형, 길의 위험 등을 감수한 덕분에 얻은 것이다. 대다수 사람들은 이런 고생을 원치도 않고, 오토바이 여행은 미친 짓이라고 충고할 것이다. 날마다 자전거로 통근하는 사람들도 무슨 말인지 알 것이다. 여기서 케루악의 샐이 열심히 찾는 미친 사람들과 위험을 무릅쓰고 특이한 방법으로 여행하는 이들이 서로 만나는 듯하다. 로이스 프라이스는 방랑자들의 공동 경험을 "여행을 통제하는 일은 불가능하고 오히려 여행이 통제권을 잡는다"는 말로 표현한다. 세계의 경치를 보겠다는 관광 의도를 품고 여행을 시작한 방랑객은 종종 주요 관심사가 다른 것으로 바뀌는 경험을 하곤 한다. 프라이스는 "지난 열 달 동안 내 여행에 생명을 더해준 것은 시골 마을의 경치가 아니라 바로 사람들이었다"[24]고

글을 마무리한다.

데비브 바의 오토바이 여행은 인간이 어디까지 한계를 뛰어넘을 수 있는지 보여준다. 두 다리가 절단된 상이군인 바는 이륜 오토바이를 타고 세계를 일주한다.[25] 한쪽 귀도 청력을 잃은 상태였다. 실로 엄청난 신체적 장애를 안고 여행을 한 것이다. 그가 기록한 글에는 어떻게 인공 다리로 역경을 헤쳐나갔는지, 낡은 할리 데이비드슨 오토바이의 부속품을 어떻게 갈아 끼웠는지, 지독한 자금 부족과 빈번한 고장 수리를 어떻게 해결했는지 여과 없이 그대로 묘사되어 있다. 하지만 바의 경험은 방랑이 널리 퍼져 있는 미국인들의 편견을 없애주지는 못한다는 사실을 보여준다. 요즘 바는 전국을 다니면서 믿음과 성공을 강연하고 있다. 사실 장애인 여행자 바는 수없이 자주 남들의 손에 의지해야 했고, 또 가난한 사람들의 도움을 받아 생명의 위험에서 벗어날 수 있었다. 그런 그가 어떻게 "자력으로 성취하라"는 윤리를 설파하는 전형적인 미국식 성공 개념을 주장할 수 있는지 무척 의아하다. 장애인 오토바이 방랑자의 성공이라면 기존의 성공 개념을 다시 정의해야 하지 않을까? 하나님은 왜 성공의 최정상 대신 전쟁의 참호 속에서 만나게 되는 것일까?

가장 유명한 오토바이 여행 이야기 중 하나는 체 게바라의 실화인데, 친구 알베르토 그라나도와 함께 낡은 오토바이를 타고 라틴 아메리카를 두루 돌아다니다가 인생의 전환점을 맞이하는 내용이다. 그가 쓴 여행 일기 《체 게바라의 모터사이클 다이어리》(황매 역간)에는 길에서 겪은 방랑의 경험이 세세하게 기록되어 있는데, 그 와중에 게바라는 평민들에게 다가가서 그들이 처한 곤경의 원인을 깨닫기 시작한다. 특히 칠레의 광부들을 만나면서 의식이 깨어난다. 게바라와 그라나도가 광산 안내자에게 가장 인상적인 기술 대신 광산에서 죽은 사람 숫자를 물어본 것을 보면 그들은 별종이었음이 틀림없다. 생계를 유지하려고 몸부림치는 사람들을 만나면서, 게바라는 인류의 발전에 이바지하려던 중산층 의대생에서 인간의 고통 중심에 있는 불의와 불평등을 참지 못하고 개혁하려는 인물로 전향하게 된다. 게바라가 여행을 통해 서서히 알게 된 것, 우리가 그의 결론에 동의하든 동의하지 않든 배울 수 있는 점은 오늘날 인간이 겪는 고통과 몸부림은 자연 때문에 생겨난 재난이 아니라는 것이다. 그의 증언에 따르면 칠레의 광산 소유주들은 불과 몇 센타보(1페소의 100분의 1)밖에 되지 않는 근로자의 봉급을 올려주지 않기 위해 파업으로 날마다 수천 페소를 손해 보는 편을 택한다고 한다.[26]

한편 게바라와 그라나도는 교회에 들어가서 한 시간 반의 설교에서 거듭 인내의 그리스도를 강조하는 내용을 듣고 떠나는데, 이 때문에 게바라에게 천식 발작이 일어난다.[27] 실제 고통과 진부한 교리 간의 괴리를 경험해본 사람은 게바라의 이런 반응을 이해할 수 있을 것이다. 거기에는 신성한 존재가 주는 도전이란 없었다.

현 체제를 지지하는 수많은 무명의 신학자 중 하나가 신중하게 그런 도전을 은폐하고 있었다. 게바라는 출판된 일기의 서론에서 자기는 이제는 여행을 시작했을 때와 같은 인물이 아니라고 쓰고 있다. "[이 글을] 구성하고 다듬는 사람, 곧 나는 더 이상 과거의 나와 같은 인물이 아니다. '대문자 A가 붙은 우리 대륙'을 두루 돌아다닌 경험은 내가 생각했던 것보다 더 많이 나를 변화시켰다."[28] 마지막 대목에서 언급하듯이 인생의 전환점을 맞은 것이다. "우리를 지도하는 위대한 정신이 인류를 두 개의 적대적인 진영으로 나눌 때 나는 민중과 함께할 것이다."[29] 그리스도 역시 그 진영에 계시지 않았나?

40여 년 후 게바라의 행로를 좇는 한 오토바이 방랑객은 다음과 같은 통찰을 덧붙인다. "장기간 여행은 하나같이 본인의 삶에 자리 잡은 질서를 뒤집어놓기 때문에 모든 혁명가는 자신을 변혁시키는 일부터 시작해야 한다."[30] 《선과 모터사이클 관리술》(문학과지성사 역간)[31]의 저자는, 자동차 여행은 영화를 보는 것과 같고, 오토바이를 타는 것은 영화 속에 존재하는 것과 같다는 전제를 하고 있다. 게바라의 경우 오토바이를 타는 것이 마침내 장벽을 무너뜨리고 민중의 가슴 속으로 뛰어들게 해준다.

방랑에 관한 베스트셀러 중에 롤프 포츠가 쓴 《여행의 기술》(넥서스 역간)이 있다. 포츠는 특권을 누리는 입장에서 여행하면서도 특권을 사용하는 데 대해 의문을 제기한다. "방랑은 개인의 소유

물 대신에 개인의 선택권을 증대시키는 정보 시대의 발전과 가능성을 활용하는 것이다."[32] 이런 종류의 방랑은 소유로부터 초연해지는 것과 관련이 있긴 하지만 여전히 현대 자본주의의 질서에 의존하고 있다. 즉 방랑 또한 쉽게 해소되지 않는 긴장을 안고 있으며 결국에는 생산을 위한 여행이 될 수 있다. 방랑자의 세계가 "평범하지 않은 것은 아무리 흔해빠진 여행이라도 여행 그 자체가 암묵적으로 변칙을 향한 추구이기 때문이다."[33] 포츠가 제기하진 않았지만, 우리가 물어봐야 할 질문은 방랑자가 길에서 경험하는 긴장을 어떻게 활용할 것이냐는 점이다. 단지 자신의 유익을 위해서 활용할 것인가, 아니면 공동선과 세계의 변혁에 이바지함으로써 신적인 차원에 더 다가가기 위해 활용할 것인가?

> 방랑자는 길에서 경험하는 긴장을 어떻게 활용할 것인가? 단지 자신의 유익을 위해서 활용할 것인가, 아니면 공동선과 세계의 변혁에 기여함으로써 신적인 차원에 더 다가가기 위해 활용할 것인가?

다른 방랑자들처럼 포츠 역시 길에서 다른 사람들을 만나는 것과 거기서 발생하는 도전이 중요하다고 말한다. "먼 나라에서 온 사람들과의 만남으로 얻게 되는 잊지 못할 추억은 이런 교류가 당신의 문화적 본능에 관해 가르쳐주는 교훈이다."[34] 물론 본인이 주의를 기울이지 않아도 가르침은 저절로 일어날 수 있지만 배움이 자동적인 것은 아니다. 방랑자는 관광객보다는 여행의 통제권을 내려놓고 배움에 더 열려 있지만, 그래도 상호관계를 발전시키려고 노력할 필요가 있다. 만일 양편 모두에 유익을 주는 상호관계를 수립하지 않는다면, 방랑자는 관광객보다 못할 수도 있고 타인의 삶을 연구할 목적으로 여행하는 이들보다 열악한 입장에 설 수도 있다. 호주 원주민을 대상으로 한 조사에 따르면, 그들이 인류학자보다 단체 관광객을 선호하는 이유는 관광객이 기념품을 더 많이 구매하고 질문은 더 적게 하기 때문이라고 한다.[35] 포츠의 말대로 방랑은 관광과 달리 사람들의 시야를 넓혀주는 역할을 한다.

여기 묘사된 방랑의 일부는 유람처럼 보일지도 모르겠다. 내 아내 로즈메리 헨켈-리거는 이 글을 읽으면서 모든 사람이 방랑할 수는 없는데, 특히 자녀에게 묶여 있는 어머니들은 불가능하다고 말했다. 하지만 가족 단위로 방랑하는 경우도 없지 않다.[36] 우리 가족만 해도 길 위에서 시간을 보낸 적이 여러 번 있었다. 우리 쌍둥이 딸이 12살일 때 나는 남아프리카의 여러 대학교에서 강의를 맡았는데, 2개월 동안 경차를 타고 7,000킬로미터를 여행하면서 수많은 사람을 길에서 만났다. 자녀들과 방랑하는 것은 우리가 모든 것을 완벽히 통제할 수 없다는 교훈을 배우는 좋은 기회였고, 아이들은 부모나 교사나 종교 전문인이 결코 가르칠 수 없는 온갖 인생의 교훈을 터득하는 계기를 얻었다. 또한, 어린 자녀와 함께 여행하는 여행자들은 더욱 많은 도움이 필요하다는 점을 인식하는 만큼, 이런 여행자들에게 더욱 많은 사람이 마음 문을 열고 친절을 베푼다는 사실도 알게 되었다. 사실 아이와 함께하는 방랑자들은 다른 여행자들과 달리 그들 자신을 다른 사람들의 손에 내맡

겨야 하지 않을까?

이런 여행에서 성인이 아이들로부터 감탄하는 것은 그들이 얼마나 다른 환경에 잘 적응하느냐는 점이다. 우리 쌍둥이 딸 중 하나는 다섯 살 때 잉글랜드의 케임브리지로 짧은 여행을 다녀왔는데 그사이에 이미 케임브리지 말투를 습득했고, 잉글랜드의 셰필드에서는 아직 친구를 사귀지 못했다는 이유로 하루 만에 떠나는데 반대했다. 딸들은 놀이터에서 몇 명의 아이들과 놀 기회를 얻은 뒤에야 흡족해했다. 모스크바의 한 가게 주인은 우리 부부와 10살 된 우리 쌍둥이 딸들을 가리키며 미국인 부부가 두 명의 러시아 소녀들과 뭘 하고 있느냐고 물은 적도 있다.

성인에게는 타인에 관해 배우는 일이 여가가 아니라 직업의 맥락에서 이뤄지는 것이 최선인지도 모른다. 그래서 여행 기자인 찰스 쿠랄트는 "당신이 정말로 어느 나라에 관해 배우기를 원한다면 거기 가서 일하라"[37]고 충고한다. 과거에 방랑하며 일했던 일꾼들은 다시 원점으로 돌아가곤 했다. 즉 그들은 주인의 후견 아래 있는 자들은 결코 누릴 수 없는 자유를 구현했을 뿐 아니라 심층적 차원에서 일어나는 일, 곧 현상유지에서 벗어난 일을 볼 수 있는 기회도 얻었다. 여가의 일환으로 타인에 관해 배우는 것은 나란히 서서 배우는 것이나 똑같은 압박과 똑같은 상사를 견디며 일하는 상황에서 배우는 것과 다르다. 만일 하나님이 고된 창조의 일을 필두로 계속 일하는 여행자라면(창 2:4b-24에 나오는 두 번째 창조 이야기, 즉 하나님이 진흙으로 사람과 동물들을 만들고 동산과 나무를 창설하는 장인으로 등장하는 장면), 하나님을 만나기에 그보다 나은 장소가 있을까?

순례와 방랑

순례자와 방랑자의 경험에는 상당한 차이점이 있음에도 불구하고 몇 가지 유사점도 있다. 그것은 샘 쿠크가 부른 블루스 〈변화가 올 거야A Change Is Gonna Come〉에 가장 잘 수렴된 것 같다. "난 강가의 작은 텐트에서 태어났지 / 아, 그리고 강처럼 이제까지 흘러왔지… / 너무나 살기 어려웠지만 난 죽음이 두려워 / 저 하늘 너머에 무엇이 있는지 모르기 때문에." 방랑자든 순례자든 궁극적인 통제권은 없다. 과거에 순례자가 되는 것은 기존 권력과의 연줄을 포기해야 하는 것이었는데, 이는 방랑자도 마찬가지다. 그런데 쿠크는 방랑을 하면서 순례자는 상상도 못 할 어려움에 부닥친다. 순례자들이 바라보는 영원한 본향이 의문 부호로 대치될 만큼 상황이 불리했다. 더 이상 도피하는 것조차 불가능하다. 권력자들은 이 세계를 자기네 것으로 주장할 뿐 아니라 자신들이 손 댈 수 있는 모든 세계를 장악하려 하기 때문에 그것은 놀랄 일은 아니다. 순례자들조차 여행이 끝났을 때 거기에도 이미 권력자가 있음을 알고 경악할 것이다. 그렇지만 이 노래의 후렴이 말해 주듯 쿠크의 방랑은 희망에 가득 차 순례자들에게 영감을 주고 있다. "변화가 오고 있고, 마침내 변화가 이를 거야." 방랑자와 순례자는 둘다 현 체제의 대변인들이 알려주고 싶어 하지 않는 것을 이미 알고 있다. 권력자는 어느 누구도 영원히 살지 못하고, 어떤 제국도 영원할 수 없다. 그들이 이와 반대되는 그럴듯한 공약을 아무리 많이 내걸고 있다 할지라도 말이다.

방랑자든 순례자든 궁극적인 통제권은 없다.

포츠는 종교 작가는 아니지만 방랑자들을 위한 가장 강력한 교훈을 제공한다. "만일 당신이 충분히 긴 시간을 여행하게 되면 당신의 영적 계시가 변함없이 일상에 근거하고 있음을 알게 될 것이다."[38] 하나님이 일상 속에서 일하고 계시다는 것은 앞에서 논의한 것처럼 성경에 나오는 많은 여행자들이 경험으로 깨달은 사실이다. 또 이것은 순례자라면 누구나 여행을 떠나 그 많은 도전을 진지하게 받아들이면 배울 수 있는 교훈이다.

4

종교
관광을
넘어

_다른 방식으로 여행하기

관광산업이 확대됨에 따라 이른바 '종교 관광'도 늘어났다. 종교 관광은 관광이 지닌 많은 기회와 문제점을 공유하면서도 관광의 문제점을 더욱 뚜렷이 볼 수 있는 영역이다. 이 문제를 다룸으로써 관광의 전 분야를 변혁하고 구속할 기회를 새로 발견할 수 있으면 좋겠다. 종교 관광객은 일반 관광객과 비교하면 여행에 훨씬 많은 투자를 한다. 종교 관광의 경우 여행의 일차적인 이유는 기분전환이나 재미도 아니고, 새로운 것에 대한 순전한 호기심 같은 것도 아니다.

종교 관광의 목적은 집에서 잃어버린 것을 회복하려는 것이다. 즉 신성한 것을 찾는다는 점에서는 순례자와 닮았지만, 차이라고 하면 반드시 신전이나 성지와 같은 종교적인 명소를 찾는 것은 아니라는 점이다. 종교 관광객은 좀 더 '원초적'인 장소, 그래서 보다 '진정한' 면모를 지닌 장소에서 종교적 체험을 하고 싶어 한다.

사람들이 더 간소하게 사는 장소는 종교 관행도 더 간소할 것으로 기대하고, 따라서 우리의 과거에 있었음 직한 원초적 종교 상태에 더 가까울 것으로 생각하기 때문이다.

예컨대, 그리스도인 종교 관광객들은 남반구 기독교가 북반구 기독교보다 좀 더 단순하고 보다 전통적이며 진정성 있을 것이라고 기대한다. 이런 기대감에 동조하는 학자들도 있는데, 이들은 그저 피상적인 증거를 바탕으로 막연히 남반구 그리스도인이 북반구 그리스도인보다 더 전통적이라고 생각하는 것이다.[1] 많은 미국인과 유럽인은 아프리카인 성가대가 노래하는 "죄짐 맡은 우리 구주"나 "예수 사랑하심은 거룩하신 말이세" 같은 옛 찬송을 들으면 더 행복했던 자신들의 어린 시절을 연상한다. 그래서 종교 관광객들은 이런 여행을 통해 자신들의 신앙이 활력을 얻고 풍성하게 된다고 믿는다. 하지만 똑같은 상황과 가사라도 다른 맥락에서는 다른 의미를 지닐 수 있음에 주의해야 한다. 예를 들어 미국의 노예들이 "스윙 로우 스위트 체리옷Swing low, sweet chariot"을 부를 때는 자유와 지하철도(Underground Railroad: 남북 전쟁 전에 노예의 탈출을 도운 비밀 조직-옮긴이)를 노래하는 것인데도, 노예 주인들은 그들이 몸이 없는 천국을 노래하고 있다고 착각했다.

양방향 통행

종교 관광이 관광객의 신앙에 활력과 풍성함을 선사한다는 데는 의심할 여지가 없고, 해외의 현지인에게 이렇게 감사하는 것은 칭찬의 소리로 여겨도 무방하다. 그러나 여기서 사용되는 어휘가 문제다. 풍성함이란 용어는 바로 식민지 시대와 신식민지 시대에 여행을 부추기는 단서였기 때문이다. 사업가나 고용인도 이와 똑같은 이유로 여행한다. 예나 지금이나 이런 여행의 공통된 목표는 원자재를 구매하고 이를 정련해서 완제품을 만들어 자기 나라에서 사용하는 것이다. 마찬가지로 원주민의 단순한 믿음도 종교학자와 신학자들에 의해 이용되곤 하는데, 그들은 이런 신앙의 이야기를 수집해 본국에서 설교용이나 집필용으로 활용해 이득을 챙기는 게 보통이다.

단지 타인의 종교를 묘사하고 그대로 이해하려고 노력하는 일부 종교학자들이나 중립적 관찰자라고 자부하는 이들조차 책임이 없지 않다. 이런 환경에 없는 요소는 양방향 통행의 관계, 즉 승자독식의 이념을 제치고 양측 모두가 유익을 얻는 관계이다. 즉 종교 관광을 종교적, 학문적 이득을 얻기 위한 기회로 보지 말고 여행자만 풍성함을 경험할 것이 아니라, 여행자는 도전도 받고 원주민은 유익을 얻는 방식으로 개조할 수 있어야 한다.

이와 관련된 것으로 오늘날 '역방향 선교'로 알려진 것이 있다.

다른 나라 다른 지역에 사는 사람들이 자신들의 신앙을 전파하거나 종교 예식을 집행할 목적으로 미국과 유럽으로 여행하는 소위 '역방향 종교 관광'을 지원하는 사업이다. 이 경우도 활력을 얻고 풍성함을 경험하기를 바란다는 점에서는 같지만, 이번에는 다른 나라 다른 지역에서 온 여행자들이 미국인과 유럽인의 신앙에 활력과 풍성함을 선사하길 바라는 만큼 역방향의 기대가 흐르는 것이다. 여기서는 경제적 수단이 빈약하고 힘도 없는 사람들이 여행자의 입장이기 때문에 여전히 진정한 양방향 통행의 관계는 수립되기 어렵다고 할 수 있다. 그러면 역방향 선교사들의 '단순한 신앙'과 '하나님에 대한 놀라운 신뢰'가 칭송을 받거나 큰 도전을 주기 어렵다. 역방향 선교가 제대로 일어나려면 몇 가지 조건이 갖춰져야 한다. 첫째, 세상에서 일어나고 있는 일을 잘 인식할 수 있어야 한다. 둘째, 상호관계에 비추어 우리 자신이 누구인지 알아야 한다. 셋째, 현존하는 권력상의 격차 문제를 다루어야 한다. 역방향 선교가 제대로 이루어지려면 이런 권력상의 격차를 솔직히 내놓고 진지하게 다루는 노력이 필요하다.

또 다른 종교 관광의 형태는 점점 더 많은 교회가 제공하는 선교 여행mission trip과 신학교에서 주로 제공하는 단기 집중여행immersion course이다. 이런 여행이 지닌 잠재력을 탐구하려면 현재 대두되는 근본 문제를 다루지 않을 수 없다. 지리학자 데이비드 하비는 포스트모던 상황이 초래한 저주를 이런 식으로 묘사한다.

"가상 여행과 대리 여행까지 포함해 여행은 우리의 마음을 넓혀 주게끔 되어 있지만, 그에 못지않게 편견을 증대시키는 것으로 끝나는 경우가 많다."[2] 나는 학생들과 단기 집중여행을 많이 했고(영국, 독일, 짐바브웨, 남아프리카, 브라질, 미국과 멕시코 국경지대 등), 선교 여행에도 몇 차례 참여한 적이 있으므로 하비뿐 아니라 수잔 티슬트웨이트와 조지 케언즈가 말하는 이른바 '신학 관광theological tourism'[3]의 문제점도 직접 체험했다.

단기 집중여행과 선교 여행이 지닌 최대의 문제점은 여행자들이 좋은 의도로 배우고 돕고 싶은 마음은 있지만, 그런 배움이 일어나는 현장의 권력상의 격차를 조금도 인식하지 못한다는 점이다. 최근에 라틴 아메리카에서 단기 집중여행을 마치고 돌아온 동료 교수에게 내가 권력의 문제를 제기하자, 그녀는 자신들은 아르헨티나 동료들과 아주 잘 지냈기 때문에 권력의 격차를 언급할 필요가 없다고 대답했다. 하지만 권력을 가진 편에 있는 사람들은 권력을 거의 인식하지 못하는 것이고, 대다수 신학자와 종교 전문인들은 국내에서 권력분석 훈련을 받지 못했기 때문에 해외에서도 분석할 만한 능력이 없는 것뿐이다. 게다가 모든 여행자가 좋은 의도를 가진 건 아니라는 사실도 고려해야 한다. 한 신학생은 중앙아메리카에서 사역할 계획을 얘기하다가 마침내 자기 가족이 요리사와 가정부와 유모를 고용하고 살게 되었다는 기쁨을 드러내기도 했다.

최근 한 보고서에서 텍사스의 일부 교회들이 주관한 선교여행이 칭송을 받았는데, 힘 있는 사람들이 가난한 사람들의 처지에 더욱 공감할 수 있게 해주었다는 이유 때문이었다. 보고서는 "힘 있는 자들은 극단적인 가난에 둔감해질 수 있다"고 언급하고 있다. 독자 중에는 이런 문제에 민감해지는 게 무슨 영향력이 있는

단기 집중여행과 선교 여행이 지닌 최대의 문제점은 여행자들이 좋은 의도로 배우고 돕고 싶은 마음은 있지만, 그런 배움이 일어나는 현장의 권력상의 격차를 조금도 인식하지 못한다는 점이다.

지 의아할 텐데 보고서의 결론은 "힘 있는 사람들은 극단적 가난이 우리 구세주의 뜻이 아님을 알게 된다"[4]는 것이다. 여기서 부족한 것은 권력에 대한 자기 비판적인 인식이다. 권력은 그냥 주어진 것처럼 보이고, 보고서에서 언급하듯이 극단적인 힘의 격차가 우리 구세주의 뜻인지 아닌지 의문을 제기하지 않는다. 또 이 보고서가 은폐하는 것은 선교 여행이나 단기 집중여행에 참여하는 사람들이 미국의 힘 있는 사람들이 아닐 수도 있다는 사실이다. 즉 경제의 세계화로 승자의 위치에 선 사람들은 아예 언급되지도 않는다. 경제 위기의 시대에도 부를 계속 축적할 수 있는 사람들, 세계 정치의 미래를 좌우할 만큼 큰 영향력, 권력과 부를 지닌 사람들은 언급되지 않는다는 것이다. 권력은 언급하면서도 실질적인 문제점은 드러나지 않았다.

이런 사례는 전 세계로 파송된 선교사들의 이야기, 즉 정직하게 복음을 전하려 하고 진정으로 사람들을 돕고 싶어 하면서도 자기

도 모르게 식민지 구조를 지탱하게 된 선교사들의 이야기를 반영하고 있다. 선교사들이 좋은 의도를 품었고 그들 자신은 식민주의의 전리품을 차지하지 않았다는 점은 중요하지 않다. 선교 대상인 식민지 사람들의 지혜에 민감하지 못하고 부지중에 본국의 권력을 대변하는 줄 몰랐기 때문에 선교사들은 결국 식민주의의 앞잡이가 된 것이다.[5] 오늘날에도 많은 교인과 신학생들, 심지어 교수들도 기존 권력의 대변인 노릇을 하는 데서 큰 이익을 얻지는 못한다. 대체로 우리는 자신이 속한 공동체보다 더 큰 권력에 연결되어 있다는 사실조차 인식하지 못하고 있는 실정이다.

한편 많은 종교 여행자들이 무의식적으로 그들 자신과 여행지의 현지인에게 이익이 돌아가지 않는 권력구조를 대변하고 있는 가운데, 이런 만남이 제공하는 기회로부터 이익을 얻는 자들이 있기는 있다. 예컨대, 공산주의 종말 이후 러시아로 간 대부분의 단기 선교사들은 자신들이 노골적인 승자 독식 자본주의를 위한 무대를 준비하는 데 중요한 기여를 했다는 사실을 전혀 몰랐다. 이 자본주의는 그들에게 소개된 새 종교만큼이나 미국적인 것으로 간주하였을 터이다. 마찬가지로 19세기에 라틴 아메리카로 간 선교사 중에 그곳에 학교를 세우는 것이 북아메리카 사업가들의 이해관계와 직결되어 있었다거나, 이 학교들이 새로운 공장을 여는 데 필요한 선행조건이었음을 인식한 사람도 극소수에 불과했을 것이다.

이런 상황에서 타인의 처지에 좀 더 공감하고 배려하는 것만으로는 충분치 않다. 이 때문에 나는 수년에 걸쳐 내 마음을 바꾸게 되었다. 한때 나는 타인에 대한 공감력을 좀 더 발전시키면 종교 관광의 문제점들을 다루는 데 도움이 될 것으로 기대했었다. 하지만 안타깝게도 공감자는 언제나 등을 돌리고 "당신들이 잘되길 바라지만 다행히 내가 할 일은 그게 아니다. 내가 받은 복을 세어 보고 우리 교회에 있는 진정한 사역의 세계로 돌아갈 수 있게 해달라"고 말할 가능성이 있다는 것을 알게 되었다. 사실 공감을 더 많이 느끼는 것은 관광의 일부일 뿐이다. 수잔 티슬트웨이트에 따르면 "관광이란 흥미를 일으킬 만큼 다르긴 하되 본인의 '굳은 자아'가 위협을 받을 만큼은 다르지 않은 이국적인 매력에 달려 있다."[6] '굳은 자아'는 길에서 많은 것을 배울 만한 능력이 없다. 개인적인 성장을 위해 종교 여행을 활용하려는 사람들도 더 넓은 차원을 이해하지 못하면 결국 실패할 것이다.

물론 현지인을 도우러 오는 종교 여행자들은 정복하고 착취하고 이익을 노리고 오는 사람들보다야 낫다고 할 수도 있다. 하지만 이 두 가지 성향은 그리 쉽게 분리되지 않는다. 16-17세기 기독교 선교사와 군인은 함께 여행하며 필요하면 무력을 써서라도 원주민을 개종시키는 데 의기투합했다. 19세기에는 기독교 교육가와 사업가들이 함께 여행하며 새로운 생산현장에 필요한 노동력 공급을 위해 원주민을 교육하는 데 공모했다. 오늘날 타인을 돕겠다고 여행하는 그리스도인들도 해외의 값싼 노동자에게서 큰 이익을 챙기는 자본주의자들과 같은 비행기를 타고 있으며, 그 노동자들이 바로 자신들이 콘크리트 집을 지어주거나 의료봉사를 제공하려는 대상이라는 사실을 미처 인식하지 못한다. 물론 이런 사실을 잘 인식하지 못하는 이유는 그들은 일반석이 아닌 비즈니스석이나 일등석을 타고 있고, 묵는 호텔도 등급이 다르기 때문이다. 타인을 잘 이해하기 위해 여행하는 사람들, 그 과정에서 타인의 언어까지 배우는 사람들은 자신들의 지식이 얼마나 빨리 자본 경쟁 사업의 디딤돌 역할을 하게 될지 모르고 있다.

그들 속으로

이런 맥락에서 종교 여행을 어떻게 다르게 구상할 수 있을까? 티슬트웨이트는 중요한 질문 하나를 제기한다. "어떻게 하면 나는 다른 사람의 타자성을 파악하되, 그들의 주관성을 무너뜨려 나의 것에 합병시키거나 그들을 이국적인 타자로 만들지 않으면서 할 수 있을까?"[7] 이어서 이렇게 경고한다. "다른 사람의 사회적 환경을 당신 나름대로 생각한다는 것은 있을 수 없다. 당신이 직접 거기 가서 거기 있어야 한다."[8] 첫 발걸음은 천천히 신중하게 내딛되 인내심도 많이 필요하다. 이것이 아마 장거리 여행에 많은 돈과 노력을 투자하는 종교 여행자들이 배우기 가장 어려운 교훈일 것이다. 나는 학생들이 정치적, 종교적 현안이나 개인적 문제로 타인과 대화할 때 좌절하는 모습을 자주 목격했다. 하지만 신뢰는 여행자가 언제든 당연시할 수 있는 특권이 아니다. 신뢰는 애써 얻어야 하는 것이다.

> 다른 사람의 사회적 환경을 당신 나름대로 생각한다는 것은 있을 수 없다. 당신이 직접 거기 가서 거기 있어야 한다.

물론 한 번의 단기 집중여행이나 선교 여행은 충분한 신뢰를 얻을 만한 시간을 제공하진 못하지만, 여행자의 신뢰도는 그들이 미국에서 쌓은 신뢰도에 좌우되는 편이다. 여행자들은 미국에서 권력구조를 잘 간파하여 해외에서도 그것을 관찰하고 비판하려고 하는가? 그들은 미국 내 권력구조에 의문을 제기한 적이 있는가? 미국의 인종과 계급과 성의 문제를 다룬 적이 있는가? 사회적 약자와 같은 견해를 밝힌 적이 있는가? 물론 그들이 어떤 기관을 대변해왔는지 추적하는 일도 한몫을 한다. 아울러 우리는 미국의 전력을 잊어서는 안 된다. 미국이 과거 수십 년 동안 국제적으로 개입한 사건이 허다한데도 다수의 미국인은 그것을 인식하지 못하는 실정이다. 따라서 미국인들은 다른 나라 사람들보다 신뢰를 얻기 위해 더 열심히 노력해야 한다. 내 여행 경험으로 볼 때, 방문지의 주민들은 중요한 이슈들에 관해 내가 미국인이라고 말할 때보다 독일인이라고 말할 때 훨씬 편안하게 반응했다. 지구상의 많은 사람은 미국 내에도 다양한 목소리들이 있다는 사실을 잘 인식하지 못한다. 이를 계기로 종교 여행자들은 민권 운동, 여성 운동, 멕시코계 미국인 노동자 운동, 신생 종교와 노동 운동 등에 관해 얘기할 좋은 기회를 얻게 되는데, 이런 기회에 이 운동들에 종교적 요소가 있음을 지적할 수도 있다.

신뢰 형성을 촉진하는 또 다른 방법은 어린이를 그룹에 포함시키는 것이다. 학교 정책은 어린이를 학문 훈련에 대동하는 일은 바람직하지 않다는 입장이지만, 나는 단기 집중여행에 자주 우리 아이들을 데려가곤 했다. 방문지의 주민들은 아이들 덕분에 우리에게 훨씬 빨리 마음 문을 열어주었다. 아이들은 어른과 달리 쉽게 사람들의 신뢰를 얻는다. 주민들은 아이들의 질문에 더욱 성실하고 신중하게 답변하곤 했다. 나는 9살짜리 쌍둥이 딸들을 데리고 학생들과 함께 브라질 상파울루 외곽에 있는 무토지 농민운동MST의 신생 정착촌을 방문했던 일을 결코 잊지 못한다. 그렇게 먼 곳을 처음으로 여행한 학생들조차 아이들이 편하게 느끼는 모습을 보고는 훨씬 느긋하고 수용적이고 열린 자세를 취할 수 있었다.

나는 방문지에서 현지인들이 즉시 마음 문을 열고 인생 이야기를 들려주지 않아 실망하는 동료와 학생들을 자주 목격했다. 그들이 그렇게 처신하는 이유와 그게 더 나을 수도 있음을 이해하려면 권력상의 격차를 충분히 이해할 필요가 있다. 큰 권력의 격차가 존재하는 상황에서는 양측의 열린 만남을 기대하거나 요구할 수 없는데, 힘이 없는 사람들이 그런 경우 더 취약한 처지에 있게 되기 때문이다. 이 점은 일을 빨리 진행하고 싶어 하는 단기 집중 여행이나 선교 여행의 지도자들이 배워야 할 중요한 교훈이다. 신뢰를 얻으려면 시간이 필요하듯이, 타인의 말에 경청하는 일도 많은 시간과 배려가 필요하다. 또 오랜 시간 열심히 경청하고 나서도, 우리가 충분히 알고 있다거나 상대방이 말을 끝

> 신뢰를 얻으려면 시간이 필요하듯이, 타인의 말에 경청하는 일도 많은 시간과 배려가 필요하다.

냈다고 추정해서는 안 된다.[9]

라틴 아메리카로 자주 여행하는 내 친구이자 동료는 그곳 사람들의 말에 경청할 시간을 충분히 갖기 위해 여러 해 동안 강의 요청을 거부해왔다. 하지만 국내에서 가르치듯 해외에서 강의를 제공할 수 있을 만큼 그곳 주민의 말을 충분히 경청하는 일은 거의 불가능하다. 즉 오늘날처럼 세계화된 지구촌에서는 국내의 권력 격차와 해외의 권력 격차가 서로 닮았으므로 오히려 우리가 국내에서 그런 문제를 붙들고 어떻게 씨름할지를 가르치는 편이 낫다고 생각한다. 내 경우는 이런 접근법이 지난 몇 년 동안 주효했다. 물론 내가 가르치는 모든 내용이 다른 곳에서도 똑같이 적실할 것이란 식으로 주장하는 것은 아니다. 내 강의를 듣는 사람들이야말로 무엇이 중요한지 결정하는 장본인들이고, 강의가 끝나고 토론과 대화의 시간에 다함께 다양한 상황에서 무엇이 중요한지 결정할 수 있기 때문이다

충격적인 차이 극복

선교 여행과 단기 집중여행이 정치, 경제, 문화, 종교의 권력 격차로 인해 편향될 수밖에 없다 하더라도 여전히 희망은 있다. 충분하지는 않지만 열린 자세와 공감만으로도 여행자들은 진정한 배움의 과정에 참여하고 얼마든지 자신들의 시야를 넓힐 수 있다. 물론 이를 위해서는 다양한 형태와 계기로 다가오는 '충격적인 차이'를 견디는 법을 배워야 한다. 흔히 깨인 부모들이 자녀들에게 타이르는 것처럼 "타인도 우리와 같은 사람"임을 배울 필요는 없다. 오히려 "우리가 타인과 같다"는 것을 배우는 게 필요하다. 우리가 아무리 호의적인 사람들일지라도 이제는 우리가 표준인 것처럼 행동해서는 안 된다. 우리는 타인에게 도전을 받아 인간다운 존재이자 그리스도인다운 존재가 되는 법을 배울 필요가 있는 것이다. 우리가 여행을 통해 배운 것은 집으로 돌아온 후에 뚜렷이 나타날 테고, 이는 장기간에 걸쳐 신중히 평가될 필요가 있다.

좀 더 건설적인 여행 모델을 찾는다면 유독성 관광toxic tourism의 통찰력이 도움될 것이다. 유독성 관광이란 미국 내 열악한 공동체, 즉 다른 공동체보다 환경 파괴나 중독 등으로 훨씬 더 고통당하는 공동체를 둘러보는 조직화된 여행을 말한다. 이 경우 쓰레기 매립이나 중공업 재해 현장 등 환경을 위협하

> 우리가 여행을 통해 배운 것은 집으로 돌아온 후에 뚜렷이 나타날 것이다.

는 활동이 일어난 장소를 선정하는 게 보통이다. 또 다른 용어로는 '환경 인종주의environmental racism'의 현장이다. 이런 여행자들은 자신들의 지역사회에서 부딪히는 문제보다 훨씬 더 심각한 생사의 문제를 접하게 되는데, 종교 관광객들도 이런 인식을 개발할 필요가 있다.

좀 더 건설적인 여행의 모델을 찾기 위해서는 현대식 대규모 관광이 제기하는 도전을 이해할 필요가 있다. 커뮤니케이션 학자 패드라 페줄로가 말했듯이 "여행은 그 자체로 침략성을 갖고 있고 주변 환경에 대해 무지하다. 관광객은 쓰레기를 만들고 자원을 가져가고, 관광지를 파괴하거나(적어도 변형시키고), 지역 공동체가 돈 때문에 말 그대로 그들 자신을 팔고 자기 문화를 상품화하도록 부추긴다." 이런 생태학적 관점으로서 우리가 이제까지 제기해온 문제들을 예리하게 파고든다. 유독성을 하나의 은유로 삼으면 관광의 문제는 산酸이라고 볼 수 있다. "관광은 독성을 갖고 있다. 관광은 관광지의 사람들과 장소를 오염시킨다. 관광은 부식시킨다. 관광은 손해를 끼친다. 관광은 착취한다. 어떤 점에서, 관광은 심지어 죽이는 것이라고 결론지을 수도 있다."[10] 우리가 살펴본 대로 종교 관광에도 부식의 위험이 도사리고 있다.

낙타가 바늘구멍을 통과하는 일은 얼마나 어려운가? 과연 관광을 구원할 길이 있을까? 페줄로의 유독성 관광론은 우리에게 바람직한 경우에 관심을 집중하도록 격려한다. 바람직한 경우란 "재미, 상호교섭, 차이, 공공 정신, 사회와 환경의 변화, 교육 등 좀 더 훌륭한 동기를 품고 관광에 참여하는 경우"[11]를 말한다. 단기 집중여행이나 선교 여행은 대다수 여행자가 긍정적인 동기를 품고 있는 만큼 올바른 방향을 향하고 있다고 볼 수 있다. 이 점을 분명히 한 후에야 자기 비판적인 작업이 시작될 수 있다. 유독성 여행에서 "여행자들은 인간의 탐욕에 따른 대가에 노출된다. 즉 중독된 공기, 오염된 물, 황폐한 땅, 병에 걸렸거나 불구가 되었거나 죽어가는 몸에 노출되는 것이다."[12] 단기 집중여행과 선교 여행을 좀 더 생산적으로 만들려면 이런 요소가 반드시 포함되어야 한다. 유독성 관광객처럼 의도적으로 인간 탐욕에 따른 대가에 노출되어 보되, 개인적인 탐욕보다 자본주의 경제의 본질적인 부분인 제도적인 탐욕에 주의를 기울인다면 어떻게 될까?

내가 인도하는 단기 집중여행에서는 늘 이 질문을 던지고 있다. 미국과 멕시코 국경에 있는 이주민들을 만나보면 사람들이 생사의 갈림길에서 국경을 넘고 있다는 사실을 알게 된다. 그들은 세계 자본주의가 그들의 땅과 노동 등의 자원에 가치를 부여하지 않았기 때문에 생계를 유지할 수 없어서 이주하는 것이다. 브라질의 무토지농민운동 회원들은 집 없는 사람들의 고통을 대변한다. 그들이 생존을 위해 일하고 싶어서 놀고 있는 땅에 자리 잡고 양식을 기르다 보면 땅 소유주가 치명적인 공격을 가한다. 남아프리카공화국의 흑인 거주구 주민들은 인종차별이 끝난 뒤에도 부익부 빈익빈 현상이 계속되어, 이른바 경제적인 차별이 지속되는 현실을 보여주었다. 몇 년 전에 나는 혼자 리우데자네이루를 방문한 적이 있는데, 한 감리교회 바깥에서 갱과 연루된 총격 사건이 발생했다. 내가 생사가 달린 긴박한 현장 한복판에 있다는 사실과 함께, 이런 긴박함은 세계 자본주의가 낳은 더 큰 긴박함을 모방하고 있음을 절실히 깨달을 수 있었다.

여기서 내가 배운 교훈은 물론 모두 부정적이거나 암울하지는 않다. 단기 집중여행이 선사하는 가장 놀라운 경험 중 하나는 사람들이 포기하지 않고 오히려 대안을 이끌어내고 있다는 사실을 깨닫는 일이다. 내가 브라질의 무토지농민운동 정착촌을 처음 방문하고 6년 후에 다시 찾아갔을 때, 사람들은 수수한 집을 지어놓고 직접 재배한 농산물까지 팔고 있었다. 심지어는 포도를 기르고 포도주까지 생산하고 있었다. 그러나 경제에 참여하는 능력보다 훨씬 더 중요한 것은 그들이 놀고 있는 땅의 사용권을 획득하는 데 성공했고(무토지농민운동의 정착촌은 일정 시간이 지나면 합법적인 지위를 얻는다) 하나의 저항 공동체를 형성할 수 있었다는 점이다.

> 단기 집중여행이 선사하는 가장 놀라운 경험 중 하나는 사람들이 포기하지 않고 오히려 대안을 이끌어내고 있다는 사실을 깨닫는 일이다.

아프리카나 라틴 아메리카를 여행하는 학생들과 달리 유럽을 여행하는 학생들은 과거의 영광스러웠던 기독교 유적을 방문하기만 하면 되는 순조로운 발걸음을 기대한다. 하지만 유럽으로 여행하는 학생들도 나름대로 '충격적인 차이'를 경험하게 된다. 예컨대 유럽의 제국주의와 파시즘의 역사를 접하면 대다수 학생은 구속영장이나 공정한 재판 없이 사람을 투옥하는 일이 독일의 강제수용소뿐만 아니라 지금 관타나모 베이에서도 일어나고 있고, 교회에 깃발을 꽂기 시작한 것이 바로 독일 파시즘이었다는 사실도 배우게 된다. 단기 집중여행자들은 자신들의 환경의 유독성을 인식하게 되면 누구나 충격을 받는다. 하지만 바로 이런 충격을 받을 때만 연대가 가능해지고 타협이 아닌 저항과 변혁의 여행으로 속성이 바뀌게 된다. 이런 종류의 연대는 여행자와 현지인뿐 아니라 여행자들 사이의 관계, 종교인들이 더 진지하게 다룰 필요가 있는 국내 교인들과의 관계에까지 그 범위가 지속해서 넓어진다. 여기에는 이민자, 노숙자, 경제 불의에 시달리는 사람들, '일상의 파시즘'의 희생자들, 인종과 정치와 성과 성적 지향 때문에 억압받는 사람들이 모두 포함된다.[13]

도시사역이라는 대안

신앙인들이 더 건설적인 여행의 모델로 삼을 수 있는 또 다른 대안은 기독교 내에서 '도시사역'으로 알려진 것이다. 이는 장거리 여행 못지않게 깨달음을 줄 수 있는 도시 내 여행을 뜻한다. 이

둘 사역은 "사람들은 자신들이 국내에서 버려두고 있는 문제점을 관심 어린 눈으로 지켜보기 위해 먼 나라로 여행한다"[14]는 역설을 부각시킨다. 즉 도시사역은 교회들에 종교적인 나르시시즘을 물리치고, 정적인 자리에서 벗어나 방치된 도시의 구석구석을 여행하도록 격려한다.

종교 관광에 대한 전혀 다른 두 가지 접근법이 있듯이, 도시사역의 경우에도 두 가지 신학 모델이 있다. 두 모델 모두 도시사역이 세상에서 교회의 선교를 추진한다는 점에는 동의한다. 또 하나 두 모델이 의견을 같이하는 것은 지난 반세기 동안 대다수의 주류 교회들이 흑인과 아시아인과 히스패닉이 거주하는 도심지에서 벗어나 풍족한 백인 중산층을 따라 교외로 이주하는 길을 택해온 현실을 직시해야 한다는 것이다. 만일 교회가 다시 도심지로 되돌아오는 길을 택한다면 어떻게 될까?

첫 번째 도시사역 모델은 교회의 과업이 하나님을 다시 도심지로 모셔오는 것이라는 가정에 근거하는데, 이는 은연중에 널리 퍼져 있는 생각이다. 여기에 깔린 신학적 가정은 교회가 도심지를 떠날 때 하나님도 떠났고, 하나님이 그들과 함께 교외로 이동했다는 것이다. 그럼 도시선교는 교외에 있는 교회들에 본거지를 두고 있는 하나님을 도심지에서 선포하는 것이 된다. 종교 여행도 이 모델을 따르는 경우가 많다. 여행자들은 다른 나라 다른 지역에 가서 자기 나라와 교회에 근거를 두고 있는 하나님을 선포하는 것이다. 또 종교 여행자들은 다른 곳, 특히 좀 더 '원시적인' 상황에도 하나님이 현존하고 계심을 알면서도, 이 하나님을 자신들의 하나님을 기준으로 평가한다. 거꾸로 여행지에 계신 하나님을 기준으로 자신의 하나님을 평가하지는 않는다.

이와 달리 두 번째 도시사역 모델은 교회가 도심지를 떠나도 하나님은 떠나지 않았다고 가정한다. 이 모델에 따르면 교회의 과업은 근본적으로 달라진다. 교회는 하나님을 도심지로 모셔가는 것이 아니라, 오히려 거기서 일하고 계시는 하나님을 발견하고 또 하나님의 실존을 더 온전히 이해하기 위해 도심지로 돌아갈 필요가 있다. 즉 선교는 교회가 아니라 하나님에 의해 좌우되는 것이고, 하나님은 교회 안에서 일하실 뿐 아니라 교회가 거의 모르는 교회 바깥과 여러 공동체에서도 일하고 계신다. 이 모델은 종교 여행자들에게도 새로운 시야를 열어준다. 이에 따르면, 여행의 중요한 목적은 하나님이 다른 장소와 공동체에서 일하시는 것을 목격하는 것이다. 이처럼 시야의 확대가 중요한 까닭은 여행자들에게 더 많은 신학적 선택권을 주고 그들이 소중히 여기는 하나님의 형상에 도전을 주기 때문이다. 전에 나는 학생들과 함께 웨스트 달라스로 단기 집중여행을 다녀온 후 그들이 거기서 하나님을 만나는 바람에 인생이 바뀌었다는 말을 들은 적이 있다.

하나님이 계신 곳으로 가기

독일 신학자 디트리히 본회퍼는 참으로 하나님을 발견하려면 하나님이 우리 앞서 가신 곳에서 그분을 찾아야 한다고 생각했다.[15] 만일 하나님을 따르지 않으면서 그분을 찾고 있다면, 하나님의 형상이 제한되는 것은 물론, 그 형상이 왜곡된 나머지 하나님의 실존을 아예 놓치고 말 것이다. 본회퍼를 비롯한 여러 신학자는 하나님이 우리보다 앞서 긴장과 환난이 가득한 곳, 교회가 감히 가려 하지 않는 역사 밑바닥에 있는 타락한 곳으로 가셨다고 주장한다.[16] 하나님을 따라 이런 장소로 가는 데 선택의 여지가 없다면, 종교 여행도 마찬가지다. 여기서 모든 것이 변한다.

다행히도 실제로 단기 집중여행과 선교 여행에서는 하나님이나 다른 사람들과 참신하게 만나는 일이 일어난다. 아무리 규제가 심한 여행이라도, 여행자에게 아무리 큰 특권이 있다 할지라도, 만남을 통제할 수는 없기

> 하나님은 우리보다 앞서 긴장과 환난이 가득한 곳, 교회가 감히 가려 하지 않는 역사 밑바닥에 있는 타락한 곳으로 가셨다.

때문이다. 안타깝게도 우리의 표준신학 혹은 사역모델은 이런 만남을 다룰 수 없어서, 이런 만남이 주는 도전은 사람들이 '정상적인' 종교 환경으로 돌아온 직후 실종되고 사그라진다. 종교적 나르시시즘만 강화하는 종교 관광을 뛰어넘으려면 세상과 다른 사람과 '신적 타자'와 새로운 관계를 맺는 일이 필요하다. 이런 대안

적인 여행은 곧 새로운 관계를 수립하는 것에 불과하다. 새로운 관계를 수립하려면 과거 식민주의 역사와 문화 지배와 경제 착취로 야기된 기존의 왜곡된 관계를 인정하는 것이 필요하다. 이 점에서 종교 여행자들에게 궁극적인 도전이 된다.

단기 집중여행과 선교 여행이 실패하는 이유는 사람들에게 선한 의도가 없어서가 아니다. 실패한 원인은 종종 지나치게 선한 의도와 관계가 있다. 선의를 품고 타인을 동등하게 대하긴 하지만 그보다 깊은 차원의 불평등과 권력상의 격차를 파악하지 못하기 때문이다. 우리가 누구인지 모르고 불평등을 의식하지 못하면, 우리는 결코 타인에게서 배울 수 있는 처지에 있지 않은 셈이다. 오늘날 확립된 선교모델이 이를 잘 보여준다. "사람들에게 생선을 주는 것보다 생선 잡는 법을 가르쳐주는 게 낫다"는 옛 속담 같은 모델이다. 그런데 여기에 깔린 전제는 바로 권력의 불균형이다. 왜 동시대에 그들에게는 생선이 없는지 그 이유를 모르는 것이다. 만일 그들의 강에 살던 물고기가 대규모 상선 때문에 씨가 말랐다면 어떻게 될까? 그들의 강과 호수가 중공업 산업폐수로 오염되어서라면? 강 상류에서 물을 과도하게 사용해서 하류가 말라버린 것이라면? 다른 생계수단을 모두 박탈당한 사람들이 너도나도 어업에만 뛰어들었기 때문이라면? 오늘날 어떻게 역량을 강화할 것인지에 대한 논의는 많지만, 여전히 권력의 불균형에 대한 의식은 없다. 사람들의 역량이 어떻게 무엇 때문에 박탈되었는지 몰라도 권력을 가진 우리가 권력이 없는 사람들에게 넘겨줄 수 있다는 것이다.

단기 집중여행과 선교 여행이 제공하는 가장 큰 도전은 우리 자신을 더 깊이 고찰하게 만드는 점이다. 구체적으로 말해서, 선교는 흔히 생각하는 것처럼 타인의 회심으로 시작하는 것이 아니다. 선교는, 하나님의 선교에 따라 자신의 회심과 함께 시작한다. 자신이 해결책 일부가 되기에 앞서 자신이 어떻게 문제 일부가 되었는지(그리고 지금도 그런지) 깊이 자각할 필요가 있다. 단기 집중여행과 선교 여행은 우리가 새로운 눈을 뜨고 자신을 고찰하고, 우리와 타인의 상호연관성을 인식하고, 거꾸로 타인들이 우리의 경제적 성공과 결부되어 있음을 의식할 때 비로소 대안적인 여행이 될 수 있다. 이런 점에서 보면 모든 것 가운데 가장 큰 도전은 집으로 돌아오는 일일지도 모른다.

지향점을
가진
여행

_저항과 재구성

유명한 여행기자 릭 스티브스는《정치 행위로서의 여행*Travel as Political Act*》이란 책에서 여행의 정치적 토대에 관해 기술한다. 스티브스는 여행이 미국인들로 하여금 현대 세계의 상호연관성과 그 안에서의 미국인의 위치에 대해 더 잘 이해하도록 도울 수 있다고 주장한다. 사람들의 시야를 넓히면 오늘날 편재한 편협한 정신에 대항하는 저항 행위를 끌어낼 수 있다는 것이다. 스티브스 식으로 여행하면 사람의 안목이 열릴 수 있고, 사실 그의 여행보고서도 이런 목표를 지향하고 있다. 게다가 스티브스는 미국인 여행자들이 길에서 듣게 되는 난감한 질문, 예를 들면 "미국은 제국입니까?" 같은 것도 다룬다. 스티브스는 세상이 미국을 그런 식으로 보고 있다면, 이에 관한 우리 의견은 중요하지 않다고 지적하는 등 상당히 통찰력 있는 답변을 내놓는다.

여행이 일종의 정치 행위가 되는 것은 맞지만 스티브스의 분석은 안전하게 표면에만 머무는 경향이 있다. 미국의 제국주의에 대한 입장이 좋은 사례다. 그는 군사력 사용도에서 밝히 드러나는 제국의 강성 권력(hard power, 군사력과 경제력)에는 반대하지만 연성 권력(soft power, 문화적 영향력)은 지지하고 싶어 한다. "우리가 우리 권력을 유연하게 발휘할 수만 있다면 우리 자신과 … 지구의 나머지 지역을 위해 더 효과적인 해결책을 찾을 수 있을지 모른다."[1]

여기서 스티브스가 간과하고 있는 사실이 있다. 미국의 연성 권력이 한동안 전 지구에서 영향력을 발휘해왔다는 점에서 연성 권력도 결코 새로울 것이 없다는 사실이다. 예컨대, 사람들의 입맛과 취향을 좌지우지하는 범세계적인 광고산업만큼이나 이주민을 그들의 보금자리에서 몰아내는 경제 구조조정 정책을 떠올리면 된다. 제국주의의 연성 권력은 종교 관광이나 성지 순례 같은 관광산업에도 이미 어느 정도 반영되어 있다. 제국주의의 강성 권력은 자주 비판을 받지만, 연성 권력으로 변형된 지점에서는 제국주의가 생생히 살아 있다. 부익부 빈익빈 현상이 지속됨에 따라 연성 권력은 이 시대의 특징인 권력의 불균형을 더욱 강화한다. 연성 권력은 전혀 새로운 게 아니다. 18-19세기 이래 줄곧 식민주의와 신식민주의 확장에 이바지하는 일차적인 도구 역할을

> 여행이 세상의 정치 경제적 권력의 격차를 이해하게 해주는 것처럼, 그리스도인은 여행을 통해 기독교 세계에 존재하는 권력의 격차를 더 깊이 인식할 수 있다.

해온 것이다.[2]

길 위의 경험을 통해 여행을 제국주의에 대한 정치적 저항 행위로 이해할 수 있다면, 여행은 신학적 저항 행위의 구현에도 유익하다는 통찰을 얻게 된다. 여행이 세상의 정치 경제적 권력의 격차를 이해하게 해주는 것처럼, 그리스도인은 여행을 통해 기독교 세계에 존재하는 권력의 격차를 더 깊이 인식할 수 있다. 아주 초창기부터 유대-기독교 전통은 제국들의 틈바구니에 자리잡고 있었기 때문에, 지배체제에 안주하기보다 길 위로 나서게 하시는 하나님에 의지해 그 제국들과 협상을 해야 했다. 물론 유대교와 기독교의 일부 흐름은 신전이나 사원을 지어 하나님의 이런 성향을 제한하려고 했지만, 이들은 결코 완전한 주도권을 잡을 수 없었다. 아모스 선지자는 하나님은 한자리에 고여 있는 예배 장소를 거부하시고 백성에게 계속 움직이라고 권유하신다고 말한다. "너희는 나를 찾으라. 그리하면 살리라. 벧엘을 찾지 말며 길갈로 들어가지 말며 브엘세바로도 나아가지 말라. 길갈은 반드시 사로잡히겠고 벧엘은 비참하게 될 것임이라"(암 5:4-5). 여행이 저항력 있는 산업이 될 수 있는 것처럼 종교도 길에서 형성된다면 그렇게 될 수 있다.

여행과 현대신학

여행이 현대신학에 어떤 영향을 미쳤는지 살펴보면, 오늘날 우리가 직면해 있는 현실을 더 잘 이해할 수 있고, 어느 때보다 여행이 중요해진 이유도 알게 된다. 현대신학은 18-19세기에 태동했는데, 당시는 역사상 인류가 가장 많이 움직이면서 위대한 탐험을 통해 유럽과 미국의 시야를 넓히고 부를 증대시킨 시대였다. 이런 탐험 여행들은 대중의 흥미도 크게 불러일으켰다. 기행문이 유행했고 사람들은 출판된 여행서들을 탐독했다. 현대신학의 아버지로 널리 알려진 프로이센 신학자 프리드리히 슐라이어마허까지 여행문학에 이바지해야겠다고 느낄 정도였다. 해외여행을 한 번도 한 적이 없는 그가 오스트레일리아의 정착 역사를 네 권으로 묶어서 냈던 것이다.[3] 이 책들은 대부분 실종되고 말았지만, 이들의 도움이 없다면 현대신학을 형성한 핵심 주제들과 오늘날 우리를 지탱해주는 전통들은 언급할 만한 가치도 얻지 못했을지 모른다.

이국적인 장소로 옮겨가 거기서 새로운 사람들을 만나는 경험에 대중의 관심이 집중되는 것은 세계에 대한 기본적인 이해와 결부되어 있다. 사람들은 지구 반대편에서 일어나는 일들을 알고 싶어 했고 그들이 몸담은 세계에 대해 폭넓게 이해하고자 했다. 슐라이어마허에 따르면, 길에서 타인들과 마주치는 일은 이제는 강제적이지 않고 매력적이다.[4] 강성 권력이 지닌 강제력은 지나간

과거지사로 여겨졌다. 18-19세기에는 이미 16세기 스페인 정복에서 발휘된 강성 권력을 부정적으로 평가하기 때문이다. 동시에 계몽된 북유럽의 식민주의가 구현하는 연성 권력이 미래의 방편으로 선언되었다.

예수 그리스도는 사람들에게 강제력을 사용한 적이 없고 오로지 자신의 매력을 통해서만 역사했다는 것이 슐라이어마허의 주장이다. 만일 교회가 강제력을 동원해 사람들을 기독교로 개종시키려 하는 대신 자기 매력을 발휘하려고 노력했더라면, 자기 시대에 이미 온 세계가 기독교화되었으리라는 것이다. 당시 유럽인들은 비강제적인 방식으로 타인과 소통하는 법을 연구하기 시작하면서 처음으로 해석학에 관심을 두게 되었다. 탐험가들은 타자를 만나 그들의 언어와 전통과 종교 등을 통해 전반적으로 그들을 이해하려는 노력을 기울였다. 이것이 바로 현대 종교학은 물론 인류학과 사회학 같은 학문의 기원이 되었다.

여행과 권력

탐험 여행을 통한 타인들과의 새로운 만남은 그 이전의 정복 여행보다는 한층 진보한 것이지만 여전히 제한된 면이 있었다. 강성 권력이 배제되고 연성 권력이 그 자리를 차지했기에 권력은 눈에 잘 보이지 않고 분석하기도 어려워졌다. 서구의 종교학자들이 타자에게 그토록 관대할 수 있었던 것이나, 자신들의 종교를 긍정적으로 평가할 수 있었던 것은 서구의 문화, 정치, 경제 우월성을 전혀 의심하지 않았기 때문이다. 슐라이어마허 시대 프로이센 사람들은 식민지를 소유하지 않고도 다른 유럽 국가의 식민지로부터 간접적인 혜택을 받으면서 식민지 시대의 권력 격차를 체감할 수 있었다.

애초에 여행과 탐험을 가능하게 해준 것이 식민지 권력과 이해관계였다. 이런 상황에서 강제력 대신 자기 매력을 내세울 수 있었던 이유는 더 높고 강력한 실체가 더 낮은 실체를 끌어당기고 흡수할 것이라는 믿음 때문이다. 현대신학이 타종교를 긍정적으로 평가하는 것도 이런 맥락에서 볼 필요가 있다. 슐라이어마허를 비롯한 많은 학자가 넓혀진 시야를 토대로 유럽의 종교학에 타종교도 포함시키긴 했지만 그것은 어디까지나 개신교 등 유럽식 기독교가 더 우월하다는 전제에서 출발한 일이었고, 오히려 어떤 종교가 더 높고 어떤 종교가 더 낮은지 복잡한 분류표들을 개발했다. 산스크리트 학자 프리드리히 막스 뮐러처럼 타종교를 긍정적으로 연구한 사람들도 본국의 기독교가 지닌 최상의 속성을 활성화할 목적으로 그렇게 한 것이다.[5] 신학과 문화와 정치는 언제나 변함없이 밀접한 관계를 갖고 있었다고 할 수 있다.

근대 이후 여행과 탐험의 뒤를 잇는 관광의 역사도 이런 궤도를 따르고 있다. 맥카넬은 주류 관광산업이 범세계적으로 새로운 문화 형태를 생산하고 있고, 이것이 종교 형태가 될 날도 멀지 않았다고 주장한다.

과거에 어떤 군대도 파송된 적이 없는 가장 동떨어진 지역에 현대화된 자본으로 무장한 사람들이 관광이라는 이름으로 배치되었다. 이런 배치를 지원하기 위해 여러 기관이 설립되었는데, 호텔과 식당과 운송 시스템이나 옛 성전의 복원, 토속 공예품의 개발, 공연 의례 등이 여기에 포함된다. 즉 관광은 여러 상업 활동의 총합으로 그치는 것이 아니라, 역사와 자연과 전통의 이념적 재구성 작업이다. 또 이 재구성 작업은 문화와 자연을 그 자체의 유익을 위해 개조할 힘을 갖고 있다.[6]

앞에서 살펴본 것처럼, 순례와 방랑과 종교 관광은 특정 형태의 단기 집중여행이나 선교 여행처럼 서구식 현대성과 세계 자본주의를 널리 퍼뜨리는 데 이바지해왔다. 정치와 경제뿐 아니라 문화와 자연과 종교까지도 식민지화하려는 노력이 서구에서 전해내려온 유산이라면, 우리로서는 신학적이고 정치적인 저항 행위로서의 여행, 곧 대안적인 여행 경험을 개발할 필요가 절실하다.

1장에서 힐튼 회사의 대변인이 "우리 호텔은 전부 작은 미국"이라고 한 말을 인용했는데, 그가 이어서 "우리는 세계 평화를 퍼뜨리고 사회주의와 싸우기 위해 우리 몫을 다하고 있다"[7]고 한 점은 오늘날 우리의 문제가 뭔지를 잘 보여준다. 여기서 명시적으로 말하지 않아도, (그가 말한 '세계 평화'가 곧 세계 자본주의가 아니라 할지라도) 이런 유의 관광이 세계 자본주의를 퍼뜨리는 데 이바지할 것임을 짐작할 수 있다. 흔히 관광산업은 경제 발전에 중요한 이바지를 한다는 주장이 제기되곤 한다. 1969년부터 1979년까지 세계은행World Bank이 관광부를 운영했을 정도다. 결국은 비판을 받고 이 부서를 없애긴 했지만, 세계은행은 경제 발전을 위한 관광산업 육성에 매우 능동적인 역할을 해왔다.[8] 그 노력의 하나로 최고 경제성장률을 자랑하는 개발도상국들은 관광 수익을 높일 목적으로 관광 부문의 규제를 철폐해야 했다.[9]

관광객과 현지인의 만남에서는 의식적으로든 무의식적으로든 부와 권력의 차이가 일정 역할을 차지한다. 이런 차이는 더 넓은 권력상의 격차, 곧 자신의 특권을 늘 의식하지는 않는 특권층과 자신의 무력함을 뼈저리게 의식해야 하는 나머지 계층 간의 격차를 반영한다. 이런 맥락에서 부와 권력의 차이는 관광객과 현지인 사이뿐 아니라 현지인 간의 차이도 격화시킬 수 있다. 우리 부부는 페루를 방문했을 때 중산층 가정 출신의 한 페루 신학생을 저녁 식사에 초대한 적이 있다. 그가 웨이터에게 '토마토소스salsa'를 부탁하자 웨이터는 자기네 식당이 제공하는 소스의 우월함을 조금도 의심치 않고 그것은 단순한 소스가 아니라 케첩이라고 말하는 것이었다. 아직 관광에 반대하는 범세계적 저항운동은 나타나지 않았지만, 이는 세계무역기구WTO에 대한 저항에 비할 수 있다. 즉 저항운동이 점점 현지화되는 상황이다. 물론 관광산업은 갈수록 더욱 비판적인 관점에서 조명되고 있다. 세계관광 정상회의에서는 관광으로부터 누가 혜택을 얻고 있는지에 의문이 제기되었고 관광을 민주화해야 한다는 요구를 내놓기도 했다. 사람 중심의, 정의에 기초한 관광산업을 추구하고 있는 것이다.[10]

여행과 저항

여행이 신학적, 정치적 저항 행위가 되면 이는 식민주의나 신식민주의 유산은 물론 강성 권력과 연성 권력의 불균형조차 모두 뛰어넘게 된다. 여기서 배울 가장 중요한 교훈은 여행이 결코 진공상태에서 이뤄지지 않는다는 점이다. 책임 있는 여행은 개별적인 여행 경험을 짜 맞추고 있는 권력구조를 고려할 필요가 있는데, 이 권력구조는 특권층의 편에서 여행하는 사람들은 그다지 신경 쓸 필요가 없다. 하지만 이주민을 비롯한 서민층으로 여행하는 이들은 주지해야 할 사실이 있다. 그들의 생존이 권력구조에 달려 있을지 모르기 때문에 그 구조를 잘 인식하는 것이 필요하다는 점이다. 여행이 신학적, 정치적 저항 행위가 되면 부유층과 권력층에 이득이 되는 상호연관성이 모두에게 혜택이 되는 범지구적 연관성으로 발전할 수 있도록 도울 수 있다.

여행이 저항 행위가 될 수 있는 가장 간단한 방법은 현상을 뒤흔드는 여행의 속성과 결부되어 있다. 방학이나 공식 휴가 여행은 하던 일에서 손을 놓고 떠나는 것을 의미한다. 정원과 애완동물과 친구들을 놓아두고 떠나거나 아파트 문을 잠그는 단순한 행위조차 이런 면에서 의미가 있다. 자기 일이나 거주지에 강한 애착을 느끼는 사람들은 손을 놓고 떠나는 일이 쉽지 않지만, 어쨌든 이것이 저항을 향한 첫 발걸음이다. 대학원 시절 어느 여름, 우리 부부가 낡은 폭스바겐을 타고 특별한 연구 계획도 없이 미국을 횡단할 셈이라고 말했을 때 지도교수가 얼마나 놀랐는지 아직도 기억하고 있다. 또 페루의 리마에서 연구조사를 하는 동안 주말을 맞아 잉카 유적지인 마추픽추로 여행을 떠났을 때도 그 교수가 어찌나 불만을 토로하던지 아직도 기억하고 있다.

일을 중단하고 떠나는 행위가 얼마나 강력한지 과소평가하면 안 된다. 일상에서 도피하기 위해 여행하는 사람들도 여행의 반체제적인 속성을 공감할 수 있다. 여행은 바로 우리를 억누르도록 고안된 지배 권력의 구조와 법을 흔들어놓는 행위이기 때문이다. 한때 영원한 삶을 찾도록 순례자들을 길거리로 내몰았던 경구

> 여행이 신학적, 정치적 저항 행위가 되면 부유층과 권력층에 이득이 되는 상호연관성이 모두에게 혜택이 되는 범지구적 연관성으로 발전할 수 있도록 도울 수 있다.

"너도 죽을 것을 기억하라*memento mori*"는 살짝 다르게 해석할 여지가 있다. "죽음을 잊지 말라"는 것이다. 현 체제의 기대를 접는 일은 실로 강력한 행위다.

종교학자 프레드릭 루프는 흔히 간과하는 여행의 종교적 성격을 잘 간파했다. "여행이란 불운을 뜻하는 게 아니라 불운을 찾아가는 것을 뜻한다. 어떤 면에서는 불운을 원하는 것이다. 이것이 우리에게 너무나 중요하므로 여행을 종교적인 것으로 불러야 마땅하다. 집을 떠나, 자신을 저 멀리 떼어놓는 길에 나서고, 낯선 자들 틈에서 걷고, 어리둥절한 채 길을 잃는 것, 이것은 실로 종교적인 행위이다."[11]

> 여행이란 불운을 뜻하는 게 아니라 불운을 찾아가는 것을 뜻한다.

물론 우리가 무엇을 바라는지 조심할 필요가 있지만, 루프가 여기서 말하는 요점은 현상을 뒤흔드는 여행의 속성에 관한 것이다. 루프가 칭송하는 다소 피상적인 '단절에 대한 갈구'는 저항의 의도를 어느 정도 위협한다. 루프는 인도에서 손발이 없는 여성이 공공장소에서 음식을 먹으려고 애쓰는 광경을 보고 충격을 받았으며, 10대 자녀들과 자메이카를 여행할 때 휴양지 너머 평범한 호텔에 묵으며 도대체 어떤 부모가 이처럼 자기 자녀들을 부적절한 곳으로 데려올 수 있을지 의아해한다.[12] 물론 그런 경험에서도 뭔가를 배울 수는 있지만 '단절'이나 '불운을 발견하는 것'에 해당하지는 않는다. 진정한 단절과 불운은 하나님의 심판과 같은 것이다. 그것은 세계의 변화를 위해서는 필요하지만, 결코 즐길 수 있는 것은 아니다.

이제 어느 편에 설 것인가

여행이 저항 행위가 될 수 있으려면, 하나님을 이해하기 위해서나 세계와 교회를 위해서는 길에서 마주치는 타인들과의 만남이 반드시 필요하다고 인식해야 한다. 이런 만남은 불균형과 긴장이 있는 관계로서 성서의 기록대로 하나님을 참신하게 경험하는 기회다. "누구든지 하나님을 사랑하노라 하고 그 형제를 미워하면 이는 거짓말하는 자니 보는바 그 형제를 사랑하지 아니하는 자는 보지 못하는바 하나님을 사랑할 수 없느니라"(요일 4:20). 이런 점에서 여행은 신학적인 저항 행위일 뿐 아니라 그리스도인의 증언과 삶을 다시 조명할 수 있게 해주는 신학적인 재구성 행위이다.

지금쯤이면 정적인 신학의 문제점이 분명해졌을 것이다. 다른 사람이나 세계와의 만남을 향해 움직이지 않는 정적인 신학은 하나님과의 만남을 향해서도 움직일 수 없는 신학이다. 타인과의 상호연관성을 인식하거나 긍정적으로 정립하지 못하는 사람은 하나님과의 상호연관성 또한 인식하지 못하고 긍정적으로 정립할 수 없다. 다시 말해 타인을 존경하고 사랑할 수 없는 사람은 하나님을 존경하고 사랑하는 것도 불가능할 것이다.[13] 길 위의 신학은 자기중심적인 정적인 신학을 멈춰 세운다.

여행은 우리 자신을 다른 사람들에게 보내 그들과 연대를 맺고 자신의 통제권을 포기하게 한다. 이주민의 여행은 여러 가지 형태의 여행 가운데 현 체제의 속임수를 가장 잘 드러낸다. 만사가 형통할 것이고 지배 권력이 인도해주는 방향에 대해 아무 우려할 필요가 없다는 속임수 말이다. 방랑이나 순례도 때때로 비슷한 결론에 도달한다. 진정한 가족이 누구인가에 대한 예수의 질문은 제국과 가정과 교회의 현 체제를 지지하는 자들보다는 길 위에 있는 사람들, 동료 여행자들이 더 가깝다는 것을 알려준다. 특권을 버리고 길거리로 나온 사람에게는 개인, 가정, 교회, 국가, 혹은 수십억의 사람들이 고통당하는 세계 경제에서 유일하게 혜택을 얻는 자들의 나르시시즘은 선택의 대상이 될 수 없다.

여행을 신학적 저항이자 재구성 행위로 여기면, 정적이고 보편적인 관념에 집착하는 것은 바로 지배 권력임을 깨달을 수 있다. 이것은 물론 정치와 경제와 종교의 영역에 해당하는 것이지만 부모조차 때로는 자녀들에게 "원래 그런 거야"라고 말하고 싶은 유혹을 느낀다. 사물의 현 상태, 사물이 항상 존재해온 상태, 사물이 항상 존재하게 될 상태에 대한 보편적인 정의는 현 체제로부터 혜택을 받는 자들에게만 유리하다. 이집트나 로마나 대영제국을 막론하고 과거의 제국들은 당시 영원한 법을 가진 듯이 굴었다(예컨대, 해가 지지 않는다던 빅토리아 시대). 오늘날의 제국도 그들 나름의 보편적인 관념을 품고 "자본주의가 영원히 여기 있을 것이다"라든가 "하나님은 미국을 축복하신다"는 식의 확신을 내세운다. 하지만 여행은 보편적인 주장처럼 보이는 것에서 상대성을 노출한다. 나아가 여행은 이미 정적인 신학으로 굳어버린 일종의 상황신학, 즉 여성, 극빈자, 아프리카계 미국인, 라틴계 미국인, 게이와 레즈비언 등 외견상 변치 않는 상황을 중시하는 신학의 문제점을 노출하기도 한다. 상황 중심적 사상가들이 다양한 집단의 상호관계에 관해 심사숙고하지 않고 자신이 초점을 맞추고 있는 집단의 고정된 정체성만을 전제로 삼는 정체성 정치identity politics를 고수하기 때문이다.

길 위의 상황신학은 우리가 의지해 '살며, 기동하며, 존재하는'(행 17:28) 권력의 네트워크를 노출하기 때문에 결코 정적으로 변해서는 안 된다. 길 위의 이주민신학은 이주 노동자를 그들의 고용주와 싸움 붙이는 자본주의의 긴장 가운데서 생겨났다. 길 위의 여성신학은 여성을 남성과 싸움 붙이는 가부장제의 긴장 가운데서 생겨났다. 길 위의 해방신학은 노동계급과 지배계급 간의 싸움은 물론, 백인 미국인과 아프리카계 미국인, 라틴계 미국인, 아시아게 미국인 간의 싸움을 조장함으로써 피억압자뿐 아니라 억압자까지 포함하는 인종과 계급의 역학관계를 충분히 인식하고 있다. 따라서 중요한 상황은 거주지에서 가까운 곳에만 국한되지 않는다. 참으로 중요한 상황은 우리가 다 함께 길을 나설 때 마주치는 상황, 우리가 공동으로 고통을 느끼는 상황이다. 하나님은 바로 이런 상황에 몸담고 여행을 하신다. 사도 바울은 "만일 [그리스도의 몸에 속한] 한 지체가 고통을 받으면 모든 지체가 함께 고통을 받고"(고전 12:26)라고 했다. 그리고 예수는 "너희가 여기 내 형제 중에 지극히 작은 자 하나에게 한 것이 곧 내게 한 것이라"(마 25:40)고 했다.

따라서 길 위의 신학은 현상유지에 이바지하는 정적인 접근이나 특정 장소와 주제의 상품화에 따른 위험을 극복하도록 도와준다. 사유화 신학proprietary theology은 더는 대안이 아니다. 하지만 모든 여행이나 움직임이 전부 유용한 것은 아니다. 산상설교에서 예수는 쉬운 길과 어려운 길에 관해 얘기하신다. "좁은 문으로 들어가라. 멸망으로 인도하는 문은 크고 그 길이 넓어 그리로 들어가는 자가 많고 생명으로 인도하는 문은 좁고 길이 협착하여 찾는 자가 적음이라"(마 7:13-14). 존 웨슬리는 이 단락을 주석하면서 청중에게 대놓고 이런 질문을 던졌다. "여러분과 같은 길에서 여행하는 이들 중 지혜롭거나 부유하거나 강하거나 고귀한 사람들이 많이 있습니까? 이것만 살펴봐도 여러분이 가고 있는 길이 생명으로 인도하는 길인지 아닌지 알 수 있습니다."[14] 이 세상의 쉬운 길로 여행하는 사람들이 놓치는 것이 있다. 부유한 여행자들, 대규모 여행자들, 심지어 현 체제에 속한 종교 여행자들도 쉽게 놓치는 것이다. 그것은 자신과 타인을 파괴하지 않는 삶, 따라서 하나님의 생명과 만남을 파괴하지 않는 삶이다.

여행을 신학적, 정치적 저항과 재구성 행위로 이해하는 데 도움을 주는 경구가 있다. 유럽에서 일어난 가장 파괴적인 전쟁 중 하나인 17세기 30년 전쟁을 겪은 프리드리히 폰 로가우의 말이다. 그는 큰 위험과 궁핍이 있는 상황에서는 중도中道가 죽음으로 인도한다고 했다. 부와 권력을 움켜쥐고 안락한 여행을 하는 자들만 중요한 것을 놓치는 것은 아니다. 중간 태도를 고수하려는 자들도 곤경에 처할 수 있다.

그 이유를 이해하려면 권력의 흐름에 대해 알 필요가 있다. 어느 편을 택할 용기가 없어서 중립을 지키려는 자들은 결국 자신도 모르는 사이에 큰 힘이 작용하는 세력장場에 이끌릴 수밖에 없다. 관광객, 종교 여행지, 순례지, 방랑지, 이주민까지도 마찬가지다. 여행자들이 유대-기독교 전통에서 하나님이 편들어주셨던 사람들, 즉 노예, 포로, 과부, 고아, 나그네, 어부, 목자, 피난민, 여러 제국의 반체제 인사 등의 편에 서지 않는다면 현 체제에 저항하기는 무척 어려울 것이다. 대로大路와 마찬가지로 중도 역시 죽음과 파괴로 이끌 뿐이다.

그러면 대안은 무엇인가? 강성 권력이든 연성 권력이든, 현 체제의 하향식top-down 권력에 저항하려면 상향식으로bottom-up 움직이는 대안 권력의 편에 설 필요가 있다. 이것은 신학이 저항 행위이자 재구성 행위가 되는 유일한 길이기도 하다. 선의를 품은 사람들이 권력의 흐름을 이해하지 못한 채 연대를 주장하는 바람에 이 용어가 본래의 저항적 속성을 잃어버리긴 했지만 이런 상황이라면 그 속성이 되살아날지도 모른다.

기쁜 소식은, 우리가 살펴본 대로, 우리에게 대안적인 상향식 권력의 편에 서도록 권장하는 여행이 존재한다는 사실이다. 이는 옛 유대-기독교 전통, 중세의 순례자들, 주인에게서 떠나온 방랑자들, 부자가 되기 위해서가 아니라 가족과 자신의 정직한 삶을 위해 고국을 떠나는 많은 이주민이 택했던 여행이다. 우리도 이 길을 따라 여행한다면 우리의 현실을 재구성하는 결과를 얻을 것이다.

1장 길 위의 경험_여행, 관광, 이주

1. Mark Twain, *The Innocents Abroad, or The New Pilgrim's Process* (New York: Oxford University Press, 1996), 650.

2. 같은 책, 646.

3. 같은 책, 647.

4. 미국의 경우 근로자의 16퍼센트가 너무 바빠서 휴가를 다 사용할 수 없다고 한다. 20퍼센트는 아예 휴가를 사용하지 않는다. 미국의 평균 휴가 기간이 13일인 데 비해 유럽은 42일이다. 휴가 기간에 상사와 연락을 주고받는 직원은 33퍼센트나 된다. 이 수치는 다음 책에서 인용한 것이다. Arthur Asa Berger, *Deconstructing Travel: Cultural Perspectives on Tourism* (Walnut Creek, Calif.: Altmira, 2004), 11.

5. Freya Higgins-Desbiolles, *Capitalist Gobalisation, Corporatised Tourism and their Alternatives* (New York: Nova Science, 2009), 33을

참고하라.

6. "관광 세계의 흥미로운 특징은 관광객 스스로 관광에는 끝이 없고 언제나 새로운 개척지가 있다고 믿고 있다는 점이다." Dean MacCannell, *The Tourist: A New Theory of the Leisure Class* (New York: Schocken, 1976), 186.

7. Kath Weston, *Traveling Light: On the Road with America's Poor* (Boston: Beacon, 2008).

8. 같은 책, xvii.

9. 같은 책, xxi.

10. 같은 책, xx.

11. Dennison Nash, "Tourism as a Form of Imperialism," in *Hosts and Guests: The Anthropology of Tourism*, ed. Valene L. Smith, 2nd ed. (Philadelphia: University of Pennsylvania Press, 1989), 37.

12. Edward M. Bruner, "Transformation of Self in Tourism," *Annals of Tourism Research* 18 (1991): 239.

13. "대도시를 제국주의화하고, 관광산업을 일종의 제국주의로 만드는 것은 바로 해외의 관광 및 연관 산업을 좌우하는 이런 권력이다." Nash, "Tourism as a Form of Imperialism," 39.

14. "관광객은 누구나 어느 정도는 사회와 문화에 더 깊이 관여하기를 원한다. 이것이 여행하게 되는 동기 중 하나이다." *The Tourist*, 10.

15. Unitarian Universalist Church of Tucson, "Deaths on AZ Border

Oct. 2010-Mar. 2011," No More Deaths, http://www.nomore-deaths.org/Information/deaths.html을 보라.

16. Christiane Harzig and Dirk Hoerder, with Donna Gabaccia, *What Is Migration History?* (Cambridge: Polity, 2009), 134, 136.

17. Dean MacCannell, *Empty Meeting Grounds: The Tourist Papers* (London: Routledge, 1992), 2.

18. Nadje Al-Ali and Khalid Koser, "Transnationalism, International Migration, and Home," in *New Approaches to Migration? Transnational Communities and the Transformation of Home*, ed. Nadje Al-Ali and Khalid Koser, *Routledge Research in Transnationalism* (London: Routledge, 2002), 6.

19. Al-Ali and Koser, "Transnationalism, International Migration, and Home," 8.

20. MacCannell, *Empty Meeting Grounds*, 4-5.

21. 같은 책.

22. 같은 책.

23. 같은 책.

24. Al-Ali and Koser, "Transnationalism, International Migration, and Home," 2.

1. Frederick Herzog, *God-Walk: Liberation Shaping Dogmatics* (Maryknoll, N.Y.: Orbis, 1988), xi.

2. Frederick Herzog, "New Birth of Conscience," in *Liberating the Future: God, Mammon, and the Future*, ed. Joerg Rieger (Minneapolis: Fortress Press, 1998), 149.

3. Herzog, *God-Walk*, xiii.

4. Herzog, *God-Walk*, xiv.

5. Homi Bhabha, *The Location of Culture* (London: Routledge, 1994), 12.

6. 아래로부터 (즉 길 위에 있었던 그리스도의 삶과 사역을 진지하게 여기는 관점에서) 니케아 신조를 해석한 것으로 다음 책을 참고하라. Joerg Rieger, *Christ and Empire: From Paul to Postcolonial Times* (Minneapolis: Fortress Press, 1997), 2장.

7. Norman Gottwald, *The Hebrew Bible: A Brief Socio-Literary Introduction* (Minniapolis: Fortress Press, 2009), 150-57. 이 책은 약속의 땅에 들어가는 사건을 정복, 이주, 사회혁명의 견지에서 해석하는 여러 관점을 소개한다. 사회혁명의 관점이 다른 관점들의 주장을 일부 통합하고 있는데, 억압받는 집단들이 힘을 합해 아래로부터 혁명이 일어났다고 본다.

8. Delores Williams, *Sisters in the Wilderness: The Challenge of*

Womanist God-Talk (Maryknoll, N.Y.: Orbis, 1995).

9. 이런 용어들은 다음 책에 나온다. Jürgen Moltmann, *The Way of Jesus Christ: Christology in Messianic Dimensions, trans. Margaret Kohl* (Minneapolis: Fortress Press, 1993), xiv. 프레드릭 헤르조그 는 *God-Walk*, xxiii에서 나그네 신학(*theologia viatorum*)에 관해 얘기 한다.

10. Moltmann, *The Way of Jesus Christ*, xiii.

11. Rieger, *Christ and Empire*, 2장을 보라. 이것이 칼케돈 공의회의 도 전인 동시에 그들에게 주어진 도전이다.

12. Musa W. Dube and Jeffrey L. Staley, "Descending from and Ascending into Heaven: A Postcolonial Analysis of Travel, Space and Power in John," in *John and Postcolonialism*, ed. Musa W. Dube and Jeffrey L. Staley, *The Bible and Postcolonialism* 7 (London: Sheffield Academic, 2002), 4.

13. 같은 책, 10.

14. 같은 책. 10.

15. Herzog, *God-Walk*, xxiii.

16. Herzog, *God-Walk*, xv, xvi.

17. Steven Vertovec, "Introduction: New Directions in the Anthropology of Migration and Multiculturalism," in *Anthropology of Migration and Multiculturalism: New Directions*, ed. Steven

Vertovec (London: Routledge, 2010), 2. 이런 발전 양상은 아마 신학과
종교학의 분야에서도 찾을 수 있을 것이다.

18. James Clifford, "Notes on Travel and Theory," *Inscriptions* 5
(1989): 185. 이런 통찰들이 인류학을 비롯한 여러 분야를 변화시켰다. 인
류학자들은 현지의 주최측이 손님보다 여행 경험이 더 많은 경우도 적지
않음을 지적했다.

3장 길 위의 도전_순례자와 방랑자

1. Luigi Tomasi, "Homo Viator: From Pilgrimages to Religious
    Tourism via the Journey," in *From Medieval Pilgrimage to Reli-
    gious Tourism: The Social and Cultural Economics of Piety*, ed.
    William H. Swatos Jr. and Luigi Tomasi (Westport, Conn.: Praeger,
    2002), 3.

2. Ellen Badone and Sharon R. Roseman, "Approaches to the
    Anthropology of Pilgrimage and Tourism," in *Intersecting Jour-
    neys: The Anthropology of Pilgrimage and Tourism*, ed. Ellen
    Badone and Sharon R. Roseman (Urbana: University of Illinois Press,
    2004), 2. "순례와 관광, 혹은 순례자와 여행자 간의 엄격한 이분법은
    변화무쌍한 포스트모던 여행 세계에서는 더 이상 타당성이 없다." 위
    와 같은 책, 같은 쪽.

3. Tomasi, "Homo Viator," 4. 이어지는 역사는 같은 책, 4-21쪽을 보라.

4. 같은 책, 21.

5. Badone and Rosemann, "Approaches to the Anthropology of Pilgrimage and Tourism," 3 (Victor Turner를 참고하라).

6. Walter Mignolo, *Local Histories/Global Design: Coloniality, Subaltern Knowledges and Border Thinking* (Princeton: Princeton University Press, 2000).

7. 혼성의 개념에 대해서는 다음 책을 보라. Bhabha, *The Location of Culture* (London: Routledge, 1994).

8. "Wir sind nur Gast auf Erden und wandern ohne Ruh mit mancherlei Beschwerden der ewigen Heimat zu. / Die Wege sind verlassen, und oft sind wir allein. In diesen grauen Gassen will niemand bei uns sein. / Nur einer gibt Geleite, das ist der liebe Christ; er wandert treu zur Seite, wenn alles uns vergisst. / Gar manche Wege führen aus dieser Welt hinaus. O, dass wir nicht verlieren, den Weg zum Vaterhaus. / Und sind wir einmal müde, dann stell ein Licht uns aus, o Gott, in deiner Güte, dann finden wir nach Haus." Georg Thurmaier and Adolf Lohmann, 1935/1938, *Gesangbuch der Evangelisch-methodistischen Kirche* (Stuttgart: Medienwerk der Evangelisch-methodistischen Kirche, 2002), 1210. 사역.

9. Zygmunt Bauman, "From Pilgrim to Tourist-Or a Short History

of Identity," in *Questions of Cultural Identity*, ed. Stuart Hall and Paul du Gay (Los Angeles: Sage, 1996), 21.

10. 같은 책, 23.

11. Karl Marx and Friederich Engels, *The Communist Manifesto* (New York: Pocket, 1964), 63. 《공산당선언》(책세상).

12. Bauman, "From Pilgrim to Tourist," 22.

13. 같은 책, 29. 바우만의 방랑 개념에 관해서는 같은 책, 26-32쪽을 보라. 바우만은 다른 두 유형의 여행자도 덧붙인다. 산보객은 이방인 사이에 이방인으로 걸어 다니고 이들의 관계는 피상적인 수준에 머문다. 주로 찾는 장소는 쇼핑센터로, 텔레비전 시청만큼이나 안전하고 문제없는 곳이기 때문이다. 산보는 사생활이나 현 상황에 도전하지 않는 모호한 발걸음이다. 한편 놀이꾼들은 위험부담이 있는 세계에 살고 있고 그런 위험을 감수할 필요가 있다. 그러나 모든 것이 한낱 게임일 뿐이다. 상대방은 도덕적 평가의 대상이 아니라 미적인 대상이고, 게임은 책임이 수반되지 않는 취향의 문제이다. 그들의 유일한 관심사는 어떤 게임이 '흥미롭고', 어떤 즐거움을 제공하는가뿐이다.

14. 이 노래의 제목은 "Es, es, es und es." 원문은 다음과 같다. "Ich sag es ihm frei ins Gesicht: sein Lohn und seine Arbeit gefall'n mir nicht. Ich will mein Glück probieren, marschieren."

15. John Leland, *Why Kerouac Matters: The Lessons of On the Road (They're Not What You Think)* (New York: Viking, 2007), 68.

16. Jack Kerouac, *On the Road, introduction by Ann Charters* (New York: Penguin, 2003), 5-6. 《길 위에서》(민음사).

17. 같은 책, 19.

18. John Steinbeck, *Travels with Charley: In Search of America* (New York: Penguin, 1986), 6. 《찰리와 함께한 여행》(궁리).

19. "사람들은 상황 속에서만 사물을 알아본다." 같은 책, 7.

20. 이 인용문 바로 앞에는 다음과 같은 문장이 나온다. "일단 어떤 여행을 계획하고 준비하고 실행할 때는 새로운 변수가 생겨서 그 여행을 주도한다. 관광, 사파리, 탐험은 다른 모든 여행과 구별되는 하나의 실체이다. 그들 나름의 성격과 기질, 개성과 독특함을 갖고 있다. … 정밀한 계획, 안전장치, 치안 유지, 강제력은 아무 소용이 없다." 같은 책, 4.

21. 같은 책, 20.

22. 같은 책, 277.

23. Lois Pryce, *Lois on the Loose: One Woman, One Motorcycle, 20,000 Miles across the Americas* (New York: Thomas Dunne, 2007), 293.

24. 같은 책, 293.

25. Dave Barr with Mike Worms, *Riding the Edge: An 83,000 Mile Motorcycle Adventure around the World* (Bodfish, Calif.: Dave Barr, 1999).

26. Ernesto Che Guevara, *The Motorcycle Diaries: Notes on a Latin American Journey*, preface by Aleida Guevara March, introduction by Cintio Vitier (London: Harper Perennial, 2003), 79. 《체 게바라의 모터사이클 다이어리》(황매).

27. 같은 책, 119.

28. 같은 책, 32.

29. 같은 책, 164.

30. Patrick Symmes, *Chasing Che: A Motorcycle Journey in Search of the Guevara Legend* (New York: Vintage, 2000), 10.

31. Robert Pirsig, *Zen and the Art of Motorcycle Maintenance: An Inquiry into Values* (New York: Morrow, 1984). 《선과 모터사이클 관리술》(문학과지성사).

32. Rolf Potts, *Vagabonding: An Uncommon Guide to the Art of Long-Term World Travel* (New York: Villard, 2003), 5. 《여행의 기술》(넥서스).

33. Paul Fussell, *Abroad*, quoted in Potts, *Vagabonding*, 92(출처는 미상).

34. Potts, *Vagabonding*, 109.

35. 같은 책, 119을 참고하라.

36. David Elliot Cohen, *One Year Off: Leaving It All Behind for a Round-the-World Journey with Our Children* (San Francisco: Trav-

elers' Tales, 2001)을 보라.

37. Charles Kuralt, *A Live on the Road,* quoted in Potts, *Vagabonding*, 178(출처는 미상).

38. Potts, *Vagabonding*, 190.

4장 종교 관광을 넘어

1. 다음 책을 보라. Philip Jenkins, *The New Faces of Christianity: Believing the Bible in the Global South* (Oxford: Oxford University Press, 2006).

2. David Harvey, *The Condition of Postmodernity: An Enquiry into the Origins of Cultural Change* (Cambridge: Blackwell, 1990), 351.

3. *Beyond Theological Tourism: Mentoring as a Grassroots Approach to Theological Education*, ed. Susan B. Thistlethwaite and George F. Cairns (Maryknoll, N.Y.: Orbis, 1994).《포스트모더니티 의 조건》(한울).

4. Marji Bishir, "El Salvador Habitat Project Provides Two-Way Lessons," *United Methodist Reporter*, December 8, 2010, http://www.ntcumc.org/news/detail/1775.

5. 예컨대, George Tinker, *Missionary Conquest: The Gospel and Native American Genocide* (Minneapolis: Fortress Press, 1993)에서 저 자는 미국 원주민에게 다가간 선교사들의 이야기를 이런 식으로 들려

준다.

6. Susan Thistlethwaite, "Beyond Theological Tourism," in *Beyond Theological Tourism*, 14.

7. 같은 책, 6.

8. 같은 책, 12.

9. 이것은 포스트식민주의 이론의 역사를 형성했던 가야트리 스피박의 유명한 질문, 곧 하위주체가 발언할 수 있는가("Can the Subaltern Speak?")를 변형시킨 것이다. 스피박은 처음에는 그 가능성을 부인했지만 나중에는 상황에 따라 달라질 수 있다고 말했다. Gayatri Chakravorty Spivak, *A Critique of Postcolonial Reason: Toward a History of the Vanishing Present* (Cambridge: Harvard University Press, 1999), 306-9. 내가 보기에 더 중요한 것은 우리가 하위주체의 발언을 계속 이어지는 노력의 문제로 생각한다는 사실이다.

10. Phaedra C. Pezzullo, *Toxic Tourism: Rhetorics of Pollution, Travel, and Environmental Justice* (Tuscaloosa: University of Alabama Press, 2007), 1-2.

11. 같은 책, 3.

12. 같은 책, 10.

13. 독일의 파시즘은 강제수용소에서 6백만 명의 유대인 외에도, 사회주의자, 공산주의자, 노동당 간부, 게이와 레즈비언, 집시, 장애인 등의 6백만 명을 더 살해했음에 유념하라.

14. Potts, *Vagabonding*, 116에 인용된 역사가 Dagobert Runes의 말(출처는 미상).

15. 이것은 본회퍼의 전기 작가이자 가까운 친구였던 Eberhard Bethge의 요약문이다. Eberhard Bethge, *Dietrich Bonhoeffer: Man of Vision, Man of Courage* (New York: Harper, 1970), 771.《디트리히 본회퍼》(복있는사람).

16. 히틀러 치하 독일의 감방에서 본회퍼는 다음과 같은 글을 썼다. "세계 역사의 큰 사건들을 아래로부터, 버림받은 자와 가난한 자와 학대받는 자와 무력한 자와 억압받는 자와 모욕당하는 자의 관점에서, 요컨대 고통당하는 사람들의 관점에서 보는 법을 배운 것은 어디에도 비교할 수 없는 고귀한 경험이다." Dietrich Bonhoeffer, *Letters and Papers from Prison*, ed. Eberhard Bethge, Enlarged Edition (New York: Touchstone, 1997), 17.

5장 지향점을 가진 여행_저항과 재구성

1. Rick Steves, *Travel as Political Act* (New York: Nation, 2009), 96-97.

2. 제국의 연성 권력과 강성 권력의 측면과 그 역사적 실례를 이해하려면 다음 책을 참고하라. Joerg Rieger, *Theology and Globalization, Horizons in Theology* (Nashville: Abingdon, 2010).

3. 지금까지 남아 있는 단편들에 대해서는 다음 글을 참고하라. Friedrich Daniel Ernst Schleiermacher, "Materialien zur Siedlungsge-

schichte Neuhollands (Australiens)," in *Schriften aus der Berliner Zeit 1800-1802*, ed. Günter Meckenstock, *Kritische Gesamtausgabe*, ed. Hans-Joachim Birkner et al., abt. 1, vol. 3 (Berlin: de Gruyter, 1988).

4. 이어지는 내용의 배경을 보려면 Rieger, *Christ and Empire: From Paul to Postcolonial Times* (Minneapolis: Fortress Press, 2007), 5장을 참고하라.

5. Kwok Pui-lan, *Postcolonial Imagination and Feminist Theology* (Louisville: Westminster John Knox, 2005), 194.

6. Dean MacCannell, *Empty Meeting Grounds: The Tourist Papers* (London: Routledge, 1992), 1.

7. Freya Higgins-Desbiolles, *Captalist Globalisation, Corporatised Tourism and their Alternatives* (New York: Nova Science, 2009), 33.

8. 같은 책, 48.

9. 이것은 자유무역협정에 병행하는 서비스 교역에 관한 일반협정(GATS)이다. 같은 책, 52. 서비스협정(GATS)의 "내국민 대우 조항"은 외국 회사도 국내 회사와 똑같은 대우를 하도록 요구한다. 같은 책, 53. 이에 덧붙여 예외적인 경우를 승인할 수도 있다. 2000년 미국은 수익의 본국 송환 필요성, 현지인의 고용, 현지 사업의 후원, 자산의 판매나 임대, 외국 투자의 분담 등과 관련된 규제의 철폐를 요구했다. 같은 책, 54.

10. 같은 책, 80, 84.

11. Frederick J. Ruf, *Bewildered Travel: The Sacred Quest for Confusion* (Charlottesville: University of Virginia Press, 2007), 4.

12. 같은 책, 5, 8 (단절에 대한 사랑), 189-90.

13. 이것이 내가 쓴 다음 책 *God and the Excluded: Visions and Blindspots in Contemporary Theology* (Minneapolis: Fortress Press, 2001)의 논지였다.

14. John Wesley, "Upon Our Lord's Sermon on the Mount, Eleventh Discourse," in *The Bicentennial Edition of the Works of John Wesley*, ed. Albert C. Outler (Nashville: Abingdon, 1984), 1:672.

추천도서

Berger, Arthur Asa. *Deconstructing Travel: Cultural Perspectives on Tourism*. Walnut Creek, Calif.: Altmira, 2004.

Guevara, Ernesto (Che). *The Motorcycle Diaries: Notes on a Latin American Journey*. Preface by Aleida Guevara March. Introduction by Cintio Vitier. London: Harper Perennial, 2003.《체 게바라의 모터사이클 다이어리》(황매).

Herzog, Frederick. *God-Walk: Liberation Shaping Dogmatics*. Maryknoll, N.Y.: Orbis, 1988.

Kerouac, Jack. *On the Road*. Introduction by Ann Charters. New York: Penguin, 2003.《길 위에서》(민음사).

MacCannell, Dean. *Empty Meeting Grounds: The Tourist Papers*. London: Routledge, 1992.

Pezzullo, Phaedra C. *Toxic Tourism: Rhetorics of Pollution, Travel, and Environmental Justice*. Tuscaloosa: University of Alabama Press, 2007.

Pirsig, Robert. *Zen and the Art of Motorcycle Maintenance: An Inquiry into Values*. New York: Morrow, 1984.《선과 모터사이클 관

리술: 가치에 대한 탐구》(문학과 지성사).

Potts, Rolf. *Vagabonding: An Uncommon Guide to the Art of Long-Term World Travel.* New York: Villard, 2003.《여행의 기술》(넥서스).

Steinbeck, John. *Travels with Charley: In Search of America.* New York: Penguin, 1986.《찰리와 함께한 여행: 존 스타인벡의 아메리카를 찾아서》(궁리).

Steves, Rick. *Travel as Political Act.* New York: Nation, 2009.

Thistlethwaite, Susan B., and George F. Cairns, eds. *Beyond Theological Tourism: Mentoring as a Grassroots Approach to Theological Education.* Maryknoll, N.Y.: Orbis, 1994.

Weston, Kath. *Traveling Light: On the Road with America's Poor.* Boston: Beacon, 2008.

1. 자신의 여행 경험을 떠올려보라. 나 자신의 시야를 넓히는 데 가장 도움이 되었던 것은 언제, 어디로 떠난 여행이었는가? 그 여행의 어떤 점 때문에 시야가 넓어진 것인가?

2. 성경이나 교회 전통에서 기독교가 길 위에서 발전한 종교임을 보여주는 이야기들이 있는가? 나 자신은 기독교를 어떻게 이해해왔는가? 기독교가 정적이지 않고 동적인 종교라는 관점은 자신의 기독교관에 새로운 영향을 미치는가?

3. 종교적 목적으로, 즉 순례자나 자원봉사자나 선교사나 단기 교육 여행자로 여행해본 적이 있는가? 그 여행 과정에서 어떤 기회나 어려움을 만났는가? 교회는 이로부터 무엇을 배워야 하는가?

4. 대안적인 여행들 가운데 당신이 가장 흥미를 느끼는 것은 무엇인가? 이런 대안적인 여행이 어떻게 대안적인 생활방식과 대안적인 신앙을 개발하도록 도울 수 있을까?

5. 여행의 가장 도전적인 측면의 하나는 집으로 돌아오는 일이다. 당신이 한 여행 중에 집에서 변화가 일어나도록 촉발한 경우가 있었는가? 당신은 장래의 여행에 대해 어떤 기대감을 품고 있는가?

6. 이 책을 읽고 나서 앞으로는 여행을 다르게 해야겠다는 생각이 들었는가? 어떤 면에서 다르게 할 생각인가? 어떤 면은 예전과 똑같이 할 생각인가?

여행,
관광인가
순례인가